AF359273

JUILLET

LIBRAIRIE

DE

Théophile BELIN

29, Quai Voltaire, PARIS

PARIS

LIBRAIRIE Théophile BELIN

29, QUAI VOLTAIRE, 29

—

1894

2829. About (Edmond). Le Roi des Montagnes. Paris, Jouaust, 1883, in-8 demi-mar. lavall. avec coins, tête dor. n. rog. dos orné, couv. (Pouillet).   20 fr.

Dessins de Ch. Delort, gravés par Mongin.

2830. Advis fidelle aux véritables Hollandais. Touchant ce qui s'est passé dans les villages de Bodegrave et Swammerdam, et les cruautés inouies que les Français y ont exercées. S. l. (à la Sphère), 1773, in-4 veau granit anc.   30 fr.

Figures de Romain de Hooge.

2831. Agnières (A. B. D). Armorial spécial de France, recueil authentique des généalogies historiques de familles nobles et titrées. Paris, imprimerie J. Claye, 1877, gr. in-8, demi-chag. rouge plats toile, tr. dor.   15 fr.

Nombreux blasons.

2832. Album des mémoires du Roi Joseph. Paris, Corréard, s. d. in-fol. demi-rel. chag.   15 fr.

Contenant 20 planches dessinées par Yung et gravées par MM. Rouargue et Lalaisse.

2833. Alembert (D'). OEuvres. Paris, Belin, 1821, 5 vol. in-8 veau, dos orné.   15 fr.

2834. Algérie (L') de nos jours. Alger, Boufarick, Blidah, Oran, Tlemcen, Kabylie, Constantine, Biskra, Alger, Gervais. Courtellemont, 1893, in-4 demi-maroq. gauffré avec coins, tête dor.   25 fr.

Nombreuses figures dans le texte et hors texte.

2835. Almanach de la mode de Paris. Tablettes du monde fashionnable. Paris, 1834, in-12 br. fig.   5 fr.

1re année seulement.

2836. Amand-Durand. Livres à dentelles et dessins d'ornements reproduits et publiés par Amand-Durand sous la direction d'É. Bocher, in-4 en feuilles dans un carton.   20 fr.

Recueil de 40 planches contenant 110 sujets d'ornement.

2837. Ancillon (Frédéric). Essais philosophiques ou nouveaux mélanges de littérature et de philosophie. Paris, 1817, 2 vol. in-8 demi-rel. non rog.   3 fr.

2838. Archives de l'art français. Recueil de documents inédits relatifs à l'histoire des arts en France publié sous la direction de Chennevières. Paris, Dumoulin, 1851-52, 6 vol. in 8 demi-rel. veau fauve, tête dor. non rog.   30 fr.

2839. Arioste. Orlando furioso. In Parigi appresso Fantin, 1805, 4 vol. in-4 demi-veau rose, non r., 100 fr.

Exemplaire grand papier avec les figures de Cipriani, Moreau le jeune, Eisen, etc... avant la lettre.

2840. Armengaud. Les Galeries publiques de l'Europe. Paris, imprimerie de Ch. Lahure, 1862, gr. in-4, mar. r. fil. dos orné dent. int. tr. dor. (Bertrand).   100 fr.

Exemplaire sur papier de Chine, nombreuses figures et portraits dans le texte.

2841. Arrivée (L') de la Royne, à Sainct-Jean du Lud. Et ce qui s'est passé de plus remarquable, tant à l'eschange des infantes de France et d'Espagne, que des pompes et magnificences faites de part et d'autre, comme ce peut voir par la lettre cy après transcrite. A Paris, pour Sylvestre Moreau, 1615, pet. in-8, de 6 pp.. mar. rouge, dent. int., tr. dor. (Masson-Debonnelle).   30 fr.

2842. Artagnan (D'). Mémoires de Monsieur d'Artagnan, capitaine-lieutenant de la première compagnie des mousquetaires du Roi. Contenant quantité de choses particulières et secrettes qui se sont passées sous le règne de Louis-Le-Grand. Amsterdam P. Rougé, à la Sphère, 1704, 4 vol. in-12, veau, port.   40 fr.

2843. Aspect (D'). Histoire de l'ordre royal et militaire de Saint-Louis. Paris, Vve Duchesne, 1780, 3 vol. in-8, demi-rel. veau, tr. rouges. 12 fr.

2844. Astros. Poésies Gasconnes, recueillies et publiées par F. T. Paris, Tross, 1867, 2 vol. in-8 br., papier vergé.   6 fr.

Texte Provençal.

2845. Balzac. Les contes drolatiques, colligez ez abbayes de Touraine. 5e édition. Paris, ez bureaux de la société générale de librairie 1855, in-8 demi-rel. chag. bleu.   10 fr.

Illustré de 425 dessins par G. Doré.

2846. Barbier. Dictionnaire des ouvrages anonymes. Paris, Daffis, 1872, 2 vol. gr. in-8 br.   5 fr.

Tome 1er complet.

2847. Barbier (Alex.). Dictionnaire des ouvrages anonymes, 3e édition, revue et augmentée. Paris, Daffis, 1877, 7 vol. gr. in-8 br.   20 fr.

La 2e partie du tome 4 manque.

Achat de Bibliothèques

2848. Barleus. Marie de Médicis entrant dans Amsterdam, ou histoire de la réception faicte à la Reyne-mère du Roy treschrestien par les bourgsmaistres de la ville d'Amsterdam, trad. du latin. Amsterdam, 1638, in-fol. v. f. ant. milieu doré. fil.   150 fr.

Bel exemplaire d'un volume orné de 18 grandes planches gravées par Ch. Louis Moyae.·t et Salomon Savry. Ces figures sont fort curieuses. La première planche représente Marie de Médicis assise sous un dais et tenant un chapelet.

2849. Barrow (John). Voyage dans la partie méridionale de l'Afrique fait dans les années 1797 et 98. Paris, Dentu, 1801, 2 vol. in-8 cart.   5 fr.

1 carte.

2850. Barrow (John). Nouveau voyage dans la partie méridionale de l'Afrique. Paris, Dentu, 1806, 2 vol. in-8 cart.   5 fr.

8 cartes.

2851. Bausset. (L.-F.-J. de). Mémoires anecdotiques sur l'intérieur du Palais et sur quelques événemens de l'Empire depuis 1805 jusqu'en 1814, pour servir à l'histoire de Napoléon. Paris, Baudouin, 1827, 2 Vol. in-8 demi-rel. veau.   10 fr.

2852. Beaufort. Le grand porte-feuille politique à l'usage des princes et des ministres, etc. en dix-neuf tableaux. Paris, l'auteur et chez Maradan, 1789, in-fol. veau tr. dor.   30 fr.

Aux armes du duc de Béthune.

2853. Beaumont et **A. de Tocqueville**. Du système pénitentiaire aux Etats Unis, et de son application en France, suivi d'un appendice sur les colonies pénales et de notes statistiques. Paris, Fournier, 1833, in-8 demi-veau vert.   5 fr.

4 planches.

2854. Béguin (E.-A.) Histoire des duchés de Lorraine et de Bar et des trois évêchés (Meurthe, Meuse, Moselle. Vosges). Nancy, chez Vidart et Julien, 1833, 2 vol. in-8 demi-rel. veau.   12 fr.

2855. Benjamin Constant. De la Religion considérée dans sa source, ses formes et ses développements. Paris, Didier, 1830, 6 vol. in-8, br.   6 fr.

2856. Berain. OEuvre complet. Album contenant 100 planches, 1646-1711. Paris, Quantin, s. d. in-fol. en feuilles dans un carton.   60 fr.

2857. Bernard (P.-J.). OEuvres, ornées de gravures, d'après les dessins de Prud'hon ; la dernière estampe gravée par lui-même. A Paris, de l'imprimerie de P. Didot l'aîne, 1797, in-4, pap. vél., demi-rel. mar. chagr. rouge, non rogné.   70 fr.

Exemplaire contenant les figures en double état avant la lettre. La planche de Phrosine et Mélidore est plus courte.

2858. Beza (Theodoro). Icones, id est verae imagines virorum doctrina simul et pietate illustrium... quibus adiectae sunt nonnullae picturae quas emblemata vocant. Geneuae, apud Ioannem Laonium, 1590, pet. in-4, portraits et emblèmes gravés, mar. rouge, compart. et arabesques, dos orné, dent. intér., tr. dor. (Capé).   120 fr.

37 portraits et 44 figures d'emblèmes.

2859. Biblia sacra, Veteris et Novi Testamenti, secundum editionem vulgatam. Basileæ, 1578, pet. in-4, rel. en peau de truie avec ornements sur les plats.   100 fr.

Nombreuses figures sur bois.

2860. Bibliographie biographico-romancière ou dictionnaire des romanciers tant anciens que modernes, précédé d'un catalogue des meilleurs romans publiés depuis plusieurs années. Paris, Pigoreau, 1821, in-8 cart. n. rog.   4 fr.

2861. Bibliographie des ouvrages relatifs à l'Afrique et à l'Arabie, catalogue méthodique de tous les ouvrages français et des principaux en langue étrangère traitant de la géographie, de l'histoire, du commerce, des lettres et des arts de l'Afrique et de l'Arabie, par Jean Gay (de l'Institut de Genève). 1 beau vol. de 300 pages en texte compacte.   5 fr.

Cette bibliographie très complète est bien faite, elle est du même format que le Manuel du libraire de Brunet, et c'est pour ainsi dire indispensable.

2862. Bibliophile (le) français. Gazette illustrée des amateurs de livres d'estampes et de haute curiosité. Paris, Bachelin-Deflorenne, 1868-70, 5 vol. gr. in-8 cart.   50 fr.

Portraits, fac-similés et reproductions de reliures et nombreux blasons.

2863. Biron (Maréchal de). Discours de la prise des villes et château de Beaune. A Beaune, chez F. Simonnot 1682, in-12 veau de 23 pages, chiff.   5 fr.

Tâches et déchirures.

2864. Biron et **Mars**. Les surprises du

divorce, comédie en trois actes. Paris, Tresse et Stock, 1889, in-12 carré
demi-rel. toile, couv.   5 fr.

Edition originale.

2865. **Blaze** (E.). La vie militaire sous
l'Empire ou mœurs de la garnison du
bivouac et de la caserne. Paris, 1837,
2 vol. in 8 demi-rel. veau vert. 10 fr.

Tâches de rousseur. .

2866. **Boileau**. Œuvres diverses du
sieur D*** (Despréaux), avec le Traité
du sublime ou du merveilleux dans
le discours traduit du grec de Lon-
gin. A Paris, chez Den/s Thierry,
1674, in-4, front. et fig. de Chauveau,
mar. rouge, fil., dos orné, dent. int.,
tr. dor. (Trautz-Bauzonnet).   160 fr.

Bel exemplaire. — Première édition
sous le titre d'Œuvres · l'Art Poétique
et le Lutrin (IV chants) paraissant ici
pour la première fois.

2867. **Boisjourdain**. Mélanges historiques, satiriques et anecdotiques.
Paris, 1807, 3 vol. in-8, demi-rel.
veau bleu.   25 fr.

2868. **Bonanni** (Fil.). Ordinum Religiosorum catalogus, eorumque indu-
menta in iconibus expressa, lat. et
ital. — Ordinum religiosorum in ec-
clesia militanti, 2 vol. — Ordinum
equestrium et militarium catalogus
in imaginibus expositus, 1 vol. Romae, 1706-1711. Ensemble. 3 vol.
in-4, nombr. planches, rel. vélin.
   50 fr.

Ouvrage estimé et recherché.

2869. **Bonaparte** (J.). Sac de Rome,
écrit en 1527, par J. Bonaparte, té-
moin oculaire, traduction de l'italien
par A. L. B. Florence, 1830, in-8
demi-maroq. vert, tête dor., n. rog.
   10 fr.

Figures hors texte.

2870. **Bossuet**. Discours sur l'histoire
universelle à Monseigneur le Dauphin, pour expliquer la suite de la
Religion et les changemens des Em-
pires. Paris, Cramoisy, 1681, in-4
veau.   40 fr.

Edition originale. Bel exemplaire.

2871. **Bouchot** (Henri. Les femmes de
Brantome. Paris, Quantin, 1890, in-4
br.   15 fr.

Illustré de 30 planches hors texte en
phototypie.

2872. **Boullainvilliers** (Cte de). Essais sur la noblesse de France contenant une dissertation sur son origine
et abaissement. Amsterdam, 1732,
in-8 veau, tr. rouges.   5 fr.

2873. **Bournon** (Fernand). Paris, His-

toire, monuments, administration.
Environs de Paris. Paris, A. Colin,
1888, gr. in-8 demi-mar. bleu, tête
jasp. n, rog. couv.   10 fr.

Nombreuses figures.

2874. **Boussenard** (Louis). La Chasse
a tir mise à la portée de tous. Paris,
Librairie illustrée, s. d. 1886, in-12
demi-mar. lie de vin avec coins,
n. rog.   10 fr.

8 planches hors texte et vignettes dans
le texte

2875. **Brianville** (Claude-Oronce). Jeu
d'Armoiries des souverains et estats
d'Europe pour apprendre, le blason,
la géographie et l'histoire curieuse.
A Lyon, chez B. Coral, 1663, petit
in-12 veau.   10 fr.

2876. **Broglie** (le duc de). Histoire et
diplomatie. Paris, Lévy, 1889, in-8
br. n. coupé.   4 fr.

2877. **Burnouf** (E.). Introduction à
l'histoire du Buddhisme indien. Paris.
Maisonneuve, 1876, gr. in-8, demi-
chag. rouge.   9 fr.

2878. **Caü Velleü** paterculi historiae
romanae. Parisiorum. J. Barbou,
1754, in-12 mar. rouge, fil. dos orné,
tr. dor. front. (rel. anc.).   15 fr.

2879. **Calendrier** de la Cour pour l'année 1775, in-18 mar. rouge, tr. dor.
(rel. anc.).   4 fr.

2880. **Calendrier** de la cour pour
l'année 1825. Paris, in-18 mar. vert.
dent. tr. dor. (rel. anc.).   5 fr.

2881. **Campan** (De). Le Diable babil-
lard ou indiscret. A Cologne, chez
P. Marteau, 1711, in-12 veau.   4 fr.

De la femme trompeuse et hypocrite.
De la coquette, etc. etc.

2882. **Caricature** (La). 1880 à 1884
inclus, Paris, Librairie illustrée, 5 vol.
pet. in-fol. br.   45 fr.

Nombreuses illustrations.

2883. **Carnot**. La Fusion des partis.
Mémoire adressé au roi en Juillet
1814. Paris, 1888, pet. in-8 br.
   0 fr. 75

2884. **Carrey** (Emile). Les Aventures
de Robin Jouet. Tours, Mame, 1864,
in-8 demi-chag. rouge plats toile, tr.
dor.   3 fr.

Illustrations hors texte.

2885. **Carte** de la Lithuanie, 1 feuille
collée sur toile color.   2 fr. 50

2886. **Catalogue** général des portraits
formant la collection de S. A. R. le
duc d'Orléans. Paris, 1829, 4 vol. in-8
cart.   8 fr.

Achat de Bibliothèques

2887. **Catalogue** raisonné des estampes gravées à l'eau-forte par Guido Reni et de celles de ses disciples Simon Cantarini dit le Pesarese Jean André et Elisabeth Sisani et Laurent Soli par Adam. Bartsch. Vienne, Blamanez, 1795, in-12 cart.   **8 fr.**

2888. **Catalogues** illustrés de ventes de tableaux d'objets d'art et antiquités :

Armaille. Objets d'art, 1890.	6 fr.
Ay (G. D'). Tableaux, 1891.	10 fr.
Bellino. Tableaux, 1892.	10 fr.
Berwick. Tableaux, 1877.	12 fr.
Beurnonville. Tableaux, 1881.	28 fr.
Boussaton. Tableaux, 1891.	5 fr.
B***. Tableaux, 1877.	18 fr.
Coquelin. Tableaux, 1893.	10 fr.
Double. Objets d'art, 1881.	25 fr.
Dumas. Tableaux, 1892.	15 fr.
Dutilleux. Tableaux, 1874.	8 fr.
E***. Tableaux, 1878.	7 fr.
Félix. Objets d'art, 1886.	15 fr.
Geoffroy Dechaume. Tableaux, 1893.	4 fr.
Goldsmidt. Tableaux, 1888.	15 fr.
Goupil. Objets d'art, 1888.	8 fr.
Hecht. Tableaux, 1891.	3 fr.
Huet. Tableaux, 1878.	6 fr.
Hulot. Tableaux, 1892.	15 fr.
Joseph. Objets d'art, 1886.	20 fr.
K***. Tableaux, 1879.	6 fr.
Laberaudière. Tableaux, 1885.	25 fr.
Lafaulotte. Objets d'art, 1886.	20 fr.
Laurent Richard. Tableaux, 1886.	15 fr.
Lebeuf de Montgermont. Obj. d'art, 1891.	25 fr.
L*** de New-York, 1879.	6 fr.
Mailand. Tableaux, 1881.	6 fr.
Meissonnier. Tableaux, 1893.	40 fr.
Nieuwenhuys. Tableaux, 1881.	6 fr.
Odiot. Objets d'art, 1889.	8 fr.
Pereire. Tableaux, 1872.	18 fr.
Piot. Antiquités, 1890.	8 fr.
Rœderer. Tableaux, 1891.	15 fr.
Rothan. Tableaux, 1890.	45 fr.
Sabatier. Tableaux, 1883.	8 fr.
Salverte. Tableaux, 1887.	8 fr.
Secrétan. Tableaux, 1889.	60 fr.
Spitzer. Objets d'art, 2 vol. et album, 1893.	75 fr.
Stein. Objets d'art, 1886.	20 fr.
Vaisse. Objets d'art, 1885.	16 fr.
Yriartre. Tableaux, 1890.	7 fr.
Yvon. Objets d'art, 1893.	30 fr.

2889. **Catulli** tibulli et propertii opera. Buming homiae typis. J. Baskerville, 1772, in-8, maroq. citr., fil. sur les plats, tr. dor. (Derome).   **30 fr.**

2890. **Cavelier** (G. fils). Les souverains du monde, ouvrage qui fait connaître la généalogie de leurs maisons, avec un catalogue des auteurs qui en ont le mieux écrit. Paris, G. Cavelier, 1718, 4 vol. in-12 veau tr. rouges.   **12 fr.**

Contenant 20 planches avec 200 blasons.

2891. **Caylus.** Les manteaux. A La Haye, 1746, 2 parties en 1 vol. in-12 veau fil. dos orné, tr. rouges. 3 fr.

Frontispice de Cochin.

2892. **Caylus**. OEuvres badines complètes du Comte de Caylus. Amsterdam et Paris, 1787, 12 vol. in-8 veau marb. dos orné, tr. rouges.   **50 fr.**

1 portrait et 24 figures par Mariller, gravées par Baquoy, Borgnet, Dambrun, Tessard de Gendt etc. Bel exemplaire.

2893. **Cent** chefs-d'œuvre des collections françaises et étrangères, préface par G. Lafenestre, poèmes et proses par Roger-Milès. Paris, G. Petit, 1892, in-fol. en feuilles dans un carton.   **50 fr.**

Nombreuses reproductions dans le texte et hors texte, Tiré à 500 exemplaires.

2894. **Cervantés.** L'ingénieux chevalier Don Quichotte de la Manche. Tours, A. Mame, 1864, gr. in-8 demi-rel. mar. rouge avec coins tête dor.   **12 fr.**

Illustrations par Grandville.

2895. **Cervantès.** El Ingenioso Hidalgo Don Quijote de la Mancha. Barcelona, 1875, 2 vol. in-fol. percal. verte.   **45 fr.**

Illustrations de Gustave Doré. Texte Espagnol.

2896. **Champfleury**. Les souffrances du professeur Delteil. Paris. Poulet-Malassis, 1861, in-12 demi-maroq. lie de vin avec coins, tête dorée, n. rog. couv.   **12 fr.**

4 eaux-fortes dessinées et gravées par Cham.

2897. **Chazet** (Alisson de). Mémoires, souvenirs, œuvres et portraits. Paris, chez Postel, 1837, 2 vol. in-8 cart. port.   **7 fr.**

2898. **Chenu** (J.-C.). Rapport au Conseil de santé des armées sur les résultats du service médico-chirurgical. Paris, Masson, 1865, in-4 demi-maroq. grenat, tête dor. non rog.   **15 fr.**

2899. **Chesneau**. Le Statuaire J.-B. Carpeaux, sa vie et son œuvre. Paris, Quantin, 1880, in-8 br. neuf. Au lieu de 20 fr.   **10 fr.**

Nombreuses gravures dans le texte, planches hors texte reproduisant en eaux-fortes ou en héliogravures toutes les œuvres capitales du maître, avec un portrait de l'artiste gravé par Mongin. La seconde partie est consacrée aux Souvenirs. Documents et Catalogue chronologique de l'œuvre de J.-B. Carpeaux.

2900. **Ciceronis.** Opera varia, cum notis variorum. Londini, 1686-1762, 22 vol. in-8, veau fauve, fil.   **30 fr.**

Ces 22 vol. forment ce qu'on appelle

Et de Livres anciens et modernes

le Cicéron cum notis variorum. Suite qu'il est très difficile de trouver uniformément reliée.

2901. Cl. Claudiani quae exstant. Lugd. Batavorum, 1650, 2 parties reliées en 1 vol. pet. in-12 mar. rouge fil. dos orné, tr. dor.   15 fr.

2902. Collection des Petits Conteurs du xviiie siècle. Rouen, Lemonnyer, 1878-1880, 8 vol. in-8 br. couv. 130 fr.

L'un des 50 exemplaires sur papier de Chine. Imprimé en caractères elzéviriens, ornés de charmantes vignettes en taille-douce, à mi-pages par Duplessis-Bertaux, Fesquet et J. Garnier.

2903. Collection Genty. La fontaine des amoureux de science, composée par Jehan de La Fontaine, poëme hermétique du xve siècle. Paris, Poulet-Malassis, 1861. — Les œuvres poëtiques françoises de Nicolas Ellain parisien (1561-1570). Paris, 1861. — Rimes inédites en patois percheron, 1861. — Pour la monarchie de ce royaume contre la division par Jean Vauquelin Sr de la Fresnaye (1536-1607), Paris, 1862. — L'art poétique de Jean Vauquelin Sr de la Fresnaye 1536-1607), Paris, 1862. — Catalogue des livres rares de Ach. Genty (1re partie), Paris, 1862. — Œuvres poétiques en patois percheron de P. Genty, maréchal-ferrant (1770-1821), précédées d'un essai sur la filiation des langues. Paris, 1863. — Ensemble 7 vol. in-12 carrés demi-maroq. rouge av. coins, tête dor. n. rognés. (Raparlier).   30 fr.

Bel exemplaire.

2904. Coluthi raptus helenae recensuit ad fidem-codicum ac variantes lectiones et notas adjecit Joannes Daniel à Lennep. Leovardiae 1747, in-8 mar. rouge, fil. tr. dor. (Derome).   15 fr.

2905. Comiença la Gronica del serenissimo rey | don Juan el segundo reste nobre impres | sa en la muy noble et leal ciudad de Lo | grono : por madado del catholico rey dõ | Carlos su visniero : por Anao guillen de | brocar su impressor con privilegis por su | alteza concedido que nodie la imprima venda ni tray a | d'otra parte a estos reynos por spacio de diez años : so la pe | na enel dicho privilegio contenida. (A la fin :) Impressa en la muy noble y leal ciudad de Logroño por mandado de su alteza : por Arnao Guillen de Brocar su impressor. Año de mil CCCCCXVII (1517), in-fol. goth. à 2 col. fig. sur bois sur le titre et dans l'ouvrage, titre encadré, lettres init. orn., vél. bl. 450 fr.

Première édition rarissime de cette chronique, dont l'auteur est Fer. Perez

de Guzman. Très bel exemplaire grand de marges.

2906. Compte-rendu de débats judiciaires à l'occasion de la représentation du fils de Giboyer à Toulouse. Paris, Dentu, 1863, in-8, demi-percal. n. rog.   3 fr.

2907. Conférence entre Luther et le diable au sujet de la messe, racontée par Luther lui-même, trad. nouvelle en regard du texte latin par Isidore Liseux, avec remarques et annotations des abbés de Cordemoy et Lenglet Dufresnoy. Paris, 1875, in-8 br. papier de Hollande.   3 fr. 50

Frontispice gravé à l'eau-forte par Amiot.

2908. Constantinopla antiqua y moderna, la argelia y marruecos par Léon Galibert y. C. Pellé. Barcelona, 1845, 2 tomes en 1 vol. in-4, demi-rel.   8 fr.

Figures sur acier de T. Allom.

2909. Contes à rire (Nouveaux) et avantures plaisantes ou récréations françoises. A Cologne, chez Roger Bontemps, 1722, 2 tomes reliés en un vol. pet. in-8 vélin blanc.   10 fr.

Frontispice et figures à mi-page. Incomplet des pages 81, 159, 167, 169, 183, 185, 203, 215 et 217.

2910. Cooper. Le Corsaire rouge, traduction Defauconpret. Paris, Garnier, in-8 demi-veau, gren. fig.   2 fr.

2911. Cooper. Lionel Licoln, traduction Defauconpret. Paris, Furne, in-8, demi-veau gren. fig.   2 fr.

2912. Corneille (P.). Théâtre, avec des commentaires par Voltaire. S. l. (Genève), 1764, 12 vol. in-8 veau marb. tr. rouge.   60 fr.

1 frontispice par Pierre, et 34 figures par Gravelot, gravées par Baquoy, Flipart, Lemire, Lempereur, de Longueil etc. Bel exemplaire.

2913. Corneille. Le Théâtre de P. Corneille. Nouvelle édition, enrichie de figures en taille-douce. Amsterdam, 1740, 5 vol. in-18. — Le Théâtre de Thomas Corneille. Nouvelle édition enrichie de figures en taille-douce. Amsterdam, 1740, 5 vol. Ensemble 10 vol. in-18, fig., mar. citron, dos ornés. tr. dor. (Rel. anc.).   250 fr.

2914. Cottinet (Edmond). Les intermèdes. Paris, Jouaust, 1873, in-8 demi-chag. bleu, tête jasp. n. rog. 5 fr.

2915. Cousin-Jacques (Le). Les petites-maisons du parnasse, ouvrage comico-littéraire d'un genre nouveau en vers et en prose. A. Bouillon, 1783-84, in-8 demi-veau bleu.   5 fr.

2916. Curtius (Quintus). De rebus gestis Alexandri Magni, regis Macedonum, libri superstites. Cum omnibus supplementüs, variantibus lectionibus commentarüs ac notis perpetuis Fr. Modü et varior curavit et digessit Henr. Swakenburg. Delphis et Lugd. Batavorum, 1724, 2 vol. in-4 cuir de Russie, fil. tr. dor. front. et pl.   30 fr.

Bel exemplaire en grand papier contenant 17 planches et une carte.

2917. Damhouder. Praxis rerum criminalium elegantissimis iconibus ad materiam accomodis illustrata, pactoribus propractoribus consulibus, proconsulibus. Antverpiae, 1656, pet. in-8 fig. sur bois chag. rouge fil. dent. int. tr. dor.   30 fr.

2918. Daudet. Froment jeune et Rioler aîné, contenant 88 compositions de Georges Roux, gravées sur bois par Froment et Hamel et une suite de vingt planches hors texte gravées par Desmoulin, in-8, broché neuf.   65 fr.

Un des 25 exempl. sur papier de Hollande avec triple suite d. eaux-fortes.

2919. Delille. Les Jardins ou l'art d'embellir les paysages poème. Paris, Chaptal, 1844, gr. in-8 veau fauve, fil. (piqûres).   12 fr.

Frontispice et figures par Thénot. Armoiries sur les plats.

2920. Deltour (F.). Les ennemis de Racine au XVIIIe siècle. Paris, Didier, 1859, in-8 demi-rel. veau fauve. (Raparlier).   5 fr.

2921. Deparcieux. Essai sur les probabilités de la durée de la vie humaine. Paris, 1746. — Messange. Recherches sur la population des généralités d'Auvergne, de Lyon. de Rouen et de quelques villes et provinces du royaume. Ensemble 1 vol. in-4 veau fauve, fil. tr. rouge   15 fr.

2922. Depping (G.-B.). Histoire des expéditions maritimes des normands et de leur établissement en France au dixième siècle. Paris, Ponthieu, 1826, 2 parties reliées en 1 vol. in-8 demi-rel. veau.   8 fr.

2923. Descrizione della Raccolta di stampe di S. E. il sig conte Jacopo Durazzo patrizio genovèse esposta in una Dissertazione tull' arte dell' intaglio à stampa. Parma Reale Stamperia 1784, in-4 pap. de Hollande, 54 pages, cart. original non rog. port.   12 fr.

2924. Devisiano. Nobiliaire des Pays-Bas et du comté de Bourgogne. A Louvain, chez J. Jacobs, 1760, 2 vol. in-8 veau dos orné, tr. r.   30 fr.

2925. Duclos. Les Confessions du comte de ***. Ecrites par lui-même à un ami. Amsterdam, 1742, 2 vol. in-12 demi-v. fauve, tête dor. éb. 5 fr.

2926. Du Croc de Chabannes. Cours élémentaire et analytique d'Equitation, ou résumé des principes de M. d'Auvergne. Paris, 1827, in-8 demi-veau, fig.   3 fr.

2927. Duhousset (E.). Le Cheval, allures. extérieur, proportions. Paris, Morel, 1881, gr. in-8 br.   3 fr.

Figures dans le texte.

2928. Dujardin. La double beauté. A Contorbery, 1754, in-12 demi-veau.   2 fr. 50

Roman étranger, très-amusant, avec une planche de musique.

2929. Dulaure (J. A.). Histoire abrégée des différens cultes, des cultes qui ont précédé et amené l'idolatrie des figures humaines. Paris, Guillaume, 1825, 2 vol. in-8, veau. 18 fr.

2930. Dulaurens (l'abbé). Le Compère Mathieu ou les bigarrures de l'esprit humain. Nouvelle édition. Londres, 1777, 3 vol. in-12, mar. rouge, jans., dent int., tr. dor. (Belz-Niédrée).   50 fr.

Bel exemplaire. Ce roman qui contient une philosophie très hardie pour notre époque, fut condamné en septembre 1851, comme outrageant la morale publique et religieuse.

2931. Du Laurens. Les abus dans les cérémonies et dans les mœurs, développés par M. L***, auteur du compère Mathieu. Trouvés en manuscrit dans son porte-feuille après sa mort. Paris, 1788, in-12, demi-veau, vert.   3 fr.

2932. Dumas (Alexandre). Crimes célèbres. Paris, 1839, 8 parties reliées en 4 vol. gr. in-8, demi-veau gris.   25 fr.

Nombreuses gravures sur acier.

2933. Dumas (Alexandre). Les Campaneros de Jehu. Paris, 1859, gr. in-8, br.   3 fr.

20 gravures hors texte par G. Doré, texte espagnol.

2934. Dumas (Alex.). Les louves de Machecoul. Paris, Dufour, 1860, gr. in-8, demi-rel. veau vert, n. rogn.   5 fr.

Nombreuses figures ajoutées.

2935. Dumas (A. fils). Un cas de rupture. Paris, Quantin, 1892, gr. in-8, br.   35 fr.

Epuisé. Illustrations dans le texte par E. Courboin.

2936. Dumas (le Cte Mathieu). Précis

des événemens militaires, ou essais historiques sur les campagnes de 1799 à 1814. Paris, 1817, 4 vol. in-8, cart.   8 fr.

Les cartes et plans manquent.

2937. Duméril (Constant). Considérations générales sur la classe des insectes. Paris, Levrault, 1823, in-8, cart., n. rog.   10 fr.

60 planches coloriées.

2938. Du Molinet (Claude). Le cabinet de la bibliothèque de Sainte-Geneviève, divisé en 2 parties contenant les antiquités de la religion des chrétiens, des égyptiens et des romains. Paris, Ant. Dezallier, 1692, in-folio, vélin blanc.   25 fr.

Très bel ouvrage enrichi de planches ; les curiosités de ce Cabinet se trouvent aujourd'hui dans celui de la Bibliothèque nationale. Bel exemplaire.

2939. Dumont. Généalogies de quelques familles des Pays-Bas. Amsterdam, 1774, in-8, demi-veau bleu.   20 fr.

Nombreux blasons, recueil très rare.

2940. Dumont (Etienne). Souvenirs sur Mirabeau et sur les deux premières assemblées législatives. Paris, Ch. Gosselin, 1832, in-8, demi-veau, tr. marb.   4 fr.

2941. Dumont d'Urville. Voyage pittoresque autour du monde. Paris, Tenré, 1834, 2 vol. gr. in-8, demi-chag. vert.   6 fr.

Cartes et nombreuses gravures en taille-douce.

2942. Edgeworth de Firmont. Journal de Cléry suivi des dernières heures de Louis XVI, du récit des événemens arrivés au temple, par Mᵐᵉ Royale, fille du roi, et d'éclaircissemens historiques tirés de divers mémoires du temps. Paris, Beaudouin, 1825, in-8, demi-rel., veau vert.   5 fr.

2943. Edmond (Charles). Voyage dans les mers du Nord à bord de la corvette « La Reine Hortense ». Paris, M. Lévy, gr. in-8, débroché.   4 fr.

Dessins de Karl Girardet, hors texte.

2944. Eichhoff (F. G.). Poésie héroïque des Indiens comparée à l'épopée grecque et romaine. Paris, Durand, 1860, in-8, br.   2 fr.

Mouillure au titre.

2945. Eloquenza tributaria, Orationi al serenissimo principe di Venetia Nicolo Sagredo. Venetia, 1676, in-4, vél. armoiries peintes sur les plats, tr. dor.   12 fr.

2946. Entretiens (Les) de Magdelon et de Julie. Traduction française de la Puttana Erranté de P. Arétin, suivis de la Tourière des Carmélites, la source et origine des C... sauvages etc., copie d'un bail et ferme faicte par une jeune dame etc., pronostication des C... sauvages, sermon joyeux d'un dépuceleur de nourrices, la source du gros fessier des nourrices etc., complainte de M. le C... et réponse de la Vertugale, traité de mariage entre Julian Péoger etc. La raison pourquoi les femmes ne portent barbe, procès et amples examinations sur la vie de Caresme-prenant. Luxembourg, Imprimerie particulière, 1866, in-12, br.   10 fr.

Réimpression faite par Gay à 100 ex.

2947. Errard de Bar le Duc. La fortification démontrée et réduite en art par feu Errard de Bar le Duc. Paris, 1620, in-folio cart., front.   25 fr.

Recueil contenant 4 parties, nombreuses figures, quelques tâches.

2948. Erotopagnion. Sive priapeia veterum et recentiorum veneri posasæ sacrum edente E. Noël, Lut. Parisiorum, Patris, 1798, 2 part. en 1 vol. pet. in-8, demi-chag. grenat avec coins, tête d'or., n. rog.   25 fr.

Ouvrage rare avec les 2 planches de Phalli. On trouve dans ce recueil 10 épigrammes de Martial, 7 d'Ausone indépendamment du Cento Nuptialis, 6 pièces ont été tirées de l'anthologia latina éditée par Burmann. Dans la seconde partie il y a 140 pièces.

2949. Escalopier (Cᵗᵉ Ch. de l'). Théophile prêtre et moine, essais sur divers arts. Paris, 1843, in-4, demi-chag. vert.   15 fr.

Texte latin et français.

2950. Escouchy. Chronique de Mathieu d'Escouchy. Nouvelle édition revue sur les manuscrits et publiée avec notes et éclaircissements pour la société de l'histoire de France par G. Du Fresne de Beaucourt. Paris, Renouard, 1863, 3 vol. in-8, demi-percal., tête jasp., n. rog.   18 fr.

2951. Étrennes des Saisons, ou extrait des plus beaux endroits de tous les poèmes connus sur les Saisons ; dédiées à Madame la Dauphine. Paris, Desnos, s. d. (1776), pet. in-18, mar. rouge, tr. dor., rel. anc.   100 fr.

Portrait de Marie-Antoinette en frontispice, titre gravé et quatre vignettes dans le genre de Cochin.

2952. Europe (l') vivante et mourante ou tableau annuel des principales cours de l'Europe suite du mémorial de chronologie généalogique et historique. Bruxelles, chez Fr. Foppens, 1759, in-18, cart., tr. rouges.   3 fr.

2953. Faber (Frédéric). Histoire du théâtre français en Belgique, depuis son origine jusqu'à nos jours d'après des documents inédits reposant aux archives générales du royaume. Bruxelles et Paris, 1879, 4 vol. gr. in-8, br.   8 fr.

Les tomes 2, 3, 4 et 5.

2954. Faur. Vie privée du maréchal de Richelieu contenant ses amours et intrigues. Paris, chez Buisson, 1792, 3 vol. in-12, veau, fil., dos orné.   5 fr.

2955. Fénelon. Les aventures de Télémaque, fils d'Ulysse, nouvelle édition. Paris, J. Estienne, 1730, 2 vol. reliés en un seul, in-4, veau marb., fil., tr. dor., dos orné (rel. anc.).   45 fr.

Aux armes d'Elisabeth reine d'Espagne, fig. de Coypel. Raccommodages

2956. Ferogio. Nouvelle suite de costumes des Pyrénées par Ferogio, d'après Lagarrigue. Tarbes, chez Dufour, s. d., in 4, cart.   8 fr.

12 gravures en couleur.

2957. Findens' Tableaux. The iris of prose, poetry and art far, 1841. London, in-fol., percal. verte, tr. dor.   7 fr.

12 planches gravées sur acier.

2958. Firmian. Le Gygés Gallus, traduit par le P. Antoine, de Paris. Paris, Vve Thierry, 1663, in-12, vélin à recouv., ébarbé, titre gravé.   5 fr.

Contient : Gygès. — Sangsues. — Impudité religieuse. — Abstinence bien ordonnée. — Mary doré. — Bibliothèque d'un riche. — Funérailles de la Vertu. Escolle d'amour. Mouillures.

2959. Flandin (Eug.). L'Orient. Paris, Gide et Baudry, 1853, in-fol., demi-chag. vert.   40 fr.

50 vues lithographiées de Constantinople et de l'Asie-Mineure.

2960. Flaux (de). La Régence de Tunis, au xixe siècle. Paris, 1865, in-8, percal., non rog.   3 fr.

2961. Flèches (Les) d'Apollon, ou nouveau recueil d'épigrammes, anciennes et modernes. Londres, 1787, 2 vol. in-18, veau.   5 fr.

2962. Fléchier. Oraisons funèbres ; suivies des oraisons funèbres de Turenne, Mascaron, prince de Condé, et Bourladoue. Paris, Lepère, 1826,

in-8, demi-chag. noir, tr. jasp., port.   5 fr.

2963. Folie (de la). Le philosophe sans prétention ou l'homme rare. Paris, Clouzier, 1775, in-8. demi-maroq. lavall. av. coins. tr. dor. (Petit-Simier).   10 fr.

Une vignette, un fleuron sur le titre et un charmant frontispice gravés. Très bel exemplaire.

2964. Fleur (La) des plaisirs ; étrennes chantantes à la mode. Dédiées aux Grâces. Enrichies de figures, et suivies du Gazetier chantant, avec tablettes économiques, perte et gain. Petit secrétaire à l'usage des dames. A Paris. chez Desnos, 1783, pet. in-18, mar. rouge, fil., tr. dor., reliure ancienne.   180 fr.

Texte gravé et douze jolies vignettes.

2965. Fogelberg. L'œuvre de Fogelberg, par Casimir Lecomte. Paris, Hauser, 1856, in-fol., planches, demi-bas. rouge avec coins.   20 fr.

2966. Foglioso. La Caccia di Giacomo di Foglioso scudiero e signore di esso luogo, paese di Gastina in Poitu. In Milano, 1615, pet. in-8, vélin.   25 fr.

Figures sur bois.

2967. Folengo (Ch.). Histoire macaronique de Merlin Cocaie prototype de Rabelais avec l'horrible bataille des mouches et des fourmis, s. l., 1734, 2 vol. in-18, veau.   5 fr.

2968. Fontaine (Hippolyte). Eclairage à l'électricité, renseignements pratiques. 2e édition. Paris, Baudry, 1879, in-8, br.   3 fr.

Figures dans le texte.

2969. Fontane (Marius). Histoire universelle. Inde Vedique. — Les Iraniens zoroastre. — Les Egyptes. Paris, Lemerre, 1881-1882, 3 vol. gr. in-8, br.   24 fr.

Exemplaire en papier de Hollande, 50 exemplaires seulement ont été tirés sur ce papier.

2970. Forneret (Xavier). Caressa. Paris, 1858, Vincent et Bourselet éditeurs, in-8, percal., tête éb., n. rog., couv.   5 fr.

2971. Fortoul (H.). Les fastes de Versailles depuis son origine jusqu'à nos jours. Paris, Delloye, 1839, in-8, chag. bleu, fil., tr. dor.   10 fr.

Portraits et figures gravées sur cuivre par Collignon.

2972. Fouque. Fastes de la Provence ancienne et moderne. contenant l'histoire politique, civile des principales villes. Marseille, 1837, 3 vol. in-8, demi-rel.   10 fr.

Figures.

2973. Fournel (Henri). Etude des gîtes houillers et métallifères du bocage Vendéen, faite en 1834 et 1835. Paris, 1836, in-fol. en feuilles.   10 fr.

12 planches. L'atlas seul.

2974. Fournel (V.). Les Contemporains de Molière. Recueil de comédies rares ou peu connues jouées de 1650 à 1680, avec l'histoire de chaque théâtre. Paris, Didot, 1863, 3 vol. in-8, demi-veau fauve, tr. jasp. 12 fr.

2975. Fournier (Henri). Traité de la typographie. Paris, 1825, in-8, demi-veau viol.   2 fr.

2976. Fournier (N.). Histoire d'un espion politique sous la révolution le consulat et l'empire. Paris, 1849, 4 parties reliées en 2 vol. gr in-8, demi-veau.   12 fr.

Nombreuses figures sur Chine collé.

2977. France (La) au désespoir. — Apologie au Roy. Paris, 1625. — Discours sur l'affaire de la Valteline et des Grisons. Paris, 1625, ensemble 3 ouvrages réunis en 1 vol. pet. in-8, vélin.   7 fr.

Opuscules curieux.

2978. France (Anatole). La vie littéraire. Paris, Lévy, 1888, 4 vol. in-12 cart., toile, couv.   10 fr.

2979. Gaguin (Robert). L'Immaculée Conception de la Vierge Marie, poème de Robert Gaguin, docteur en Sorbonne, général des Mathurins (xve siècle) ; suivi de Poésies diverses. Traduit pour la première fois, texte Latin en regard, par Alcide Bonneau. Paris, 1885, pet. in-8. br.   6 fr.

L'Immaculée Conception n'est pas ce qu'un vain peuple pense. On se fait généralement une idée très vague de ce mystère, que l'on confond par ignorance avec celui de l'Incarnation de Jésus, et même, ce qui semble plus singulier, avec l'Assomption de la Vierge : ainsi le beau tableau de Murillo, au Louvre, est également connu sous le nom d' « Immaculée Conception » et sous le nom d' « Assomption ». L'Immaculée Conception de Marie est son exemption du péché originel, à l'instant même de sa procréation par Anne et Joachim : question d'embriogénie sacrée des plus délicates. que les Théologiens se contentent d'effleurer, par discrétion, et que Robert Gaguin a seul traitée à fond, en entrant dans des détails physiologiques sans lesquels on ne saurait l'élucider.

2980. Galerie de la Presse, de la littérature et des beaux-arts ; directeur des dessins, Ch. Philippon, rédacteur en chef L. Huart. Paris, au bureau de la publication, 1839, pet. in-4, rel. toile, non rog.   20 fr.

1re série contenant 50 portraits.

2981. Galerie des contemporains illustres par un homme de lettres, avec une lettre-préface de M. de Châteaubriand. Bruxelles, 1840, 2 vol. gr. in-8, demi-rel. chag. vert.   20 fr.

Nombreux portraits dessinés par Baugniet.

2982. Galibert. Histoire de l'Algérie ancienne et moderne depuis les premiers établissements des Carthaginois jusqu'à l'expédition du général Randon en 1853. Paris, Furne, 1861, gr. in-8, débroché.   4 fr.

Vignettes de Raffet et Rouargue frères, dans le texte et hors texte.

2983. Gamba (Le chevalier). Voyage dans la Russie méridionale et particulièrement dans les provinces situées au-delà du Caucase fait depuis 1820 jusqu'en 1824. Paris, Trouvé, 1826, 2 vol. in-8, demi-veau vert.   8 fr.

4 cartes.

2984. Gaspard de Pons (le Cte). Constant et discrète, poème en 4 chants, suivi de poésies diverses. Paris, Renard, 1819, pet. in-12, demi-mar. laval. avec coins, tête dor., n. rog.   4 fr.

2985. Gassier. Histoire de la chevalerie française ou recherches historiques sur la chevalerie depuis la fondation de la monarchie jusqu'à ce jour. Paris, 1814, in-8, demi-veau.   3 fr.

Frontispice gravé.

2986. Gaufridi (J. Fr. de). Histoire de Provence. A Aix, de l'imprimerie de Ch. David, 1694, 2 vol. in-fol., veau, fil., dos orné, tr. rouges, port. 50 fr.

Aux armes de Louis XIV roi de France. Nombreuses vignettes en tête des chapitres.

2987. Gessner. La Mort d'Abel, poème traduit par Hubert. Edition ornée d'estampes imprimées en couleur d'après les dessins de M. Monsiau. Paris, Defer de Maisonneuve, 1793, gr. in-4, veau marb., dent., tr. dor.   70 fr.

Frontispice et 5 figures en couleurs.

2988. Gessner (Salomon). Œuvres. Paris, Renouard, 1795, 2 vol. in-12, demi-veau fauve, portrait.   5 fr.

2989. Gœthe. Faust, tragédie de M. de Gœthe, traduite en français par M. Albert Stapfert, ornée d'un portrait de l'auteur et de dix-sept dessins composés d'après les principales scènes de l'ouvrage et exécutés sur pierre par M. Eugène Delacroix. Paris, Ch. Motte et Sautelet, 1828, in-fol. cart. n. rog.   140 fr.

2990. **Hancarville**. Monumens de la vie privée des douze Césars, d'après une suite de pierres gravées sous leur règne. — Monumens du culte secret des dames romaines pour servir de suite aux Monumens de la vie privée des douze Césars. A Caprees, chez Sabellus, 1780. Ensemble 2 vol. in-4, veau racine, tr. dor. (rel anc.).   160 fr.

> 2 frontispices et 100 gravures du genre Spintrien.

2991. **Halévy**. La Grande Duchesse de Gérolstein, opéra bouffe en trois actes, quatre tableaux ; musique de J. Offenbach. Paris, Calmann Lévy, s. d., in-8, cart. vélin blanc à recouvrements, dos et plats ornés, non rog. (Pierson).   750 fr.

> Un des 30 exemplaires sur papier de Hollande enrichi de 125 aquarelles originales par Draner. Beau livre, charmantes illustrations.

2992. **Harris** (Moïse). L'Aurélien, ou histoire naturelle des chenilles, chrysalydes et papillons anglais, avec les plantes dont ils se nourrissent, (trad. par M. Romet). Londres, Edwards, 1794, in-fol., pap. vélin, mar. rouge, dent., tr. dor. (rel. ancienne).   140 fr.

> Très bel ouvrage orné de 45 planches finement coloriées. Texte anglais-français.

2993. **Haward** (Henry). Amsterdam et Venise. Paris, Plon, 1876, gr. in-8, demi-mar. vert avec coins, tête dor., n. rog.   25 fr.

> 7 eaux-fortes par Léopold Flameng et Gaucherel et 124 gravures sur bois.

2994. **Havard** (Henry). Dictionnaire de l'ameublement et de la décoration depuis le XIIIe siècle jusqu'à nos jours. Paris, Quantin. s. d., 4 vol. in-4, br.   140 fr.

> Contenant plus de 800 gravures dans le texte et 64 grandes planches hors texte en chromotypographie. Publié à 220 fr.

2995. **Hecquet** (Ph.). De l'indécence aux hommes d'accoucher les femmes et de l'obligation aux femmes de nourrir leurs enfants. A Trévoux, J. Etienne. 1708, in-12, veau.   12 fr.

> Edition originale.

2996. **Helisenne de Crenne** (Dame). Les Angoysses douloureuses qui procèdent d'amour, s. l. n. d., (vers 1540) 3 part. en 1 vol. in-8, figures sur bois, mar. citr., fil., dos orné, tr. dor. (Hardy).   200 fr.

> Jolie édition en lettres rondes. Il y a, à la fin, 8 ff. contenant l'ample narration faicte par Quezinstra en regardant la mort de son compagnon Guenelic et de sa dame Helisenne. Très rare.

2997. **Héloïse et Abailard**. Lettres. Edition ornée de huit figures gravées par les meilleurs artistes de Paris, d'après les dessins et sous la direction de Moreau le jeune. Paris, J.-B. Fournier, de l'imprimerie de Didot le jeune, l'an IV (1796), 3 vol. gr. in-4, demi-rel. mar. rouge, non rognés.   100 fr.

> Figures gravées, d'après Moreau, par Dambrun, Delvaux, Halbou, Lemire, Simonnet, etc.

2998. **Hélyot** (le P.). Histoire des ordres monastiques, religieux et militaires, et des congrégations séculières de l'un et de l'autre sexe qui ont été établies jusqu'à présent, leur origine, leur fondation, avec les vies de leurs fondateurs. Paris, Coignard, 1714-1719, 8 vol. in-4, veau brun.   130 fr.

> Ouvrage très recherché, orné de 812 figures de costumes en pied. Bel exemplaire.

2999. **Hénault** (le président). Nouvel abrégé chronologique de l'histoire de France. Contenant les événements de notre histoire depuis Clovis jusqu'à la mort de Louis XIV, les guerres, les batailles, les sièges, etc. 4e édition. Paris, Prault, 1752, in-4, mar. rouge, fil., tr. dor., dos orné à la grotesque. (Reliure ancienne très fraîche.) 180 fr.

> 1 fleuron sur le titre par Cochin, 1 frontispice par Boizot, gravé par Lepicié, figures, vignettes et 36 beaux culs-de-lampe par Cochin, et 72 portraits par Boizot de Lu, Thomassin, Van Loo, etc. Très bel exemplaire.

3000. **Hénault** (le président). Nouvel Abrégé chronologique de l'histoire de France, contenant les événemens de notre histoire, depuis Clovis jusqu'à Louis XIV, les guerres, les batailles, les sièges, etc. A Paris, chez Prault, 1756, 2 vol. in-12, mar. rouge, fil., tr. dor. (Rel. anc.). 70 fr.

> Sur le dos des volumes les armes du marquis de Villette.

3001. **Henriet** (Frédéric). C. Daubigny et son œuvre gravé. Paris, A. Lévy, 1875, gr. in-8, percal., tête dor. n. rog.   16 fr.

> Eaux-fortes et bois inédits par C. Daubigny, Karl Daubigny, Léon Lhermitte.

3002. **Heptaméron** français, ou les nouvelles de Marguerite, reine de Navarre. Berne, chez la Nouvelle Société typographique, 1792, 3 vol. in-8, veau fauve, fil., tr. dor. (Simier, rel. du Roi).   250 fr.

Un frontispice par Dunker, gravé par Eichler : 73 figures par Frendenberg, gravées par Guttenberg, Halbou, Henriquez, de Launay jeune, de Longueil, Le Roy, Mmes Duflot et Thiébault ; 72 vignettes et 72 culs-de-lampe par Dunker, gravés par lui-même, Eichler, Pillet et Richter.
Bel exemplaire.

3003. **Heptaméron** des nouvelles de très haute et très illustre princesse Marguerite d'Angoulême reine de Navarre, nouvelle édition publiée sur les manuscrits par la société des bibliophiles françois. Paris, 1854, 3 vol. pet. in-8. demi mar. citron avec coins, tête dor., n. rog. (Petit-Simier).   70 fr.

Portrait et frontispice sur Chine, édition recherchée, très rare.

3004. **Heptaméron** The Heptaméron or tales amd novels of Marguerite queen of Navarre novre first completely done into English prose and verse from the original french by Arthur Machen. Privately printed, 1886, in-8, demi vélin blanc, n. rog.   20 fr.

3005. **Histoire** d'Angleterre, représentée, par figures, gravée par F. A. David, accompagnées de discours par le citoyen Guyot. Paris, David, 1784, 12 vol. in 4, demi-chag. rouge, tête jasp., ébarb.   20 fr.

2 titres gravés, outre les titres imprimés et 96 figures par Binet, Gois, Lejeune, Monnet etc., gravées par David.

3006. **Histoire** de la Dragonne, contenant les actions militaires et les avantures de Geneviève Rémov, sous le nom du chevalier Baltazar. Paris, Auroy, 1703, fort vol. in-12 de 614 pp., mar. rouge, fil., dent. int., tr. dor., dos orné. (Hardy).   40 fr.

Portrait par Scotin. Bel exemplaire.

3007. **Histoire** de l'Enfant prodigue, en douze tableaux, tirée du Nouveau Testament ; dessinée et gravée par Jean Duplessi-Bertaux, en 1815. Paris, impr. de P. Didot l'aîné, 1816, in-4, fig., cart.   20 fr.

12 planches gravées.

3008. **Histoire** de l'origine de la royauté et du premier établissement de la grandeur royale. S. l. n. d., in-12 veau, tr. rouges. (580 pages).   10 fr.

Nombreuses figures à mi-page.

3009. **Histoire** des nobles prouesses et vaillances de Galien restaure, fils du noble Oliuier le Marquis, et de la Iaquelline fille du Roy Hugon Empereur de Constantinople. Auec les figures mises de nouveau soubs chascun chapitre. A Lyon par les heritiers de François Didier, 1586, in-4, fig. sur bois, mar. vert, fil. à froid, coins dorés, dent. int., tr. dor. (Trautz-Bauzonnet.)   300 fr.

Edition non citée par Brunet.

3010. **Histoire** moderne des Chinois, des Japonnois, des Indiens, des Persans, des Turcs, des Russiens, etc., pour servir de suite à l'histoire ancienne de M. Rollin. A Paris, chez Desaint et Saillant, 1755, 30 vol. in-12, mar. rouge, fil., tr. dor. (Rel. anc.)   450 fr.

Aux armes de la comtesse d'Artois.

3011. **Histoire** (L') Palladienne, traitant des gestes et genereux faitz d'armes et d'amours de plusieurs grands princes et seigneurs, specialement de Palladien filz du roy Milanor d'Angleterre, et de la belle Selerine sœur du roi de Portugal : nouuellement mise en nostre vulgaire françoys, par feu Cl. Colet Champenois. A Paris, par Jean Dallier demourant sur le pont saint Michel à lenseigne de la Rose blanche. (Privilège en faveur de Vincent Sertenas, libraire.) (A la fin :) Fin de l'histoire palladienne, nouuellément imprimé à Paris par Estienne Groleau (sic), libraire et imprimeur, demourant en la rue Neuve Nostre-Dame à l'enseigne saint Jan Baptiste, 1555, in-fol. fig. sur bois, mar. r. dent int., tr. dor. (Chambolle-Duru.)   250 fr.

Roman de chevalerie rare. Jolies figures sur bois, la plupart dans le style de Jean Cousin.

3012. **Histoire** du vieux et du nouveau Testament par Dav. Martin enrichie de plus de 400 figures. Amsterdam by Pieter Mortier, 1700, 2 vol. in-fol. veau granit et milieux dorés, dos orné, tr. marb.   75 fr.

Texte hollandais.

3013. **Histoire** secrète de Napoléon III. La vérité sur Orsini par un ancien proscrit. 3 parties reliées en un vol. in-8, demi-rel. bas. rouge.   5 fr.

Nombreuses figures dans le texte et hors texte.

3014. **Histoire** universelle de Jacque-Auguste de Thou depuis 1543 jusqu'en 1607, traduite sur l'édition latine de Londres (par J.-B. Le Mascrier, Ch. Le Beau, l'abbé Desfontaines, etc.). A Londres, (Paris), 1734-1735, 16 vol. in-4, port., mar. rouge,

fil., dos ornés, tr. dor. (Rel. anc.).
500 fr.

Bel exemplaire en grand papier.

3015. **Historia** de vita, morte, et iustis Caroli V, Maximi, imperatoris Rom., etc. Nunc recens edita, et varijs illustrata, virtutû forlunæq ; 3 exemplis. Authore Frid. Staphylo. Augustæ Vindelicorum, Phillippus, Vlhardus excudebat, 1599, in-4. mar. rouge jans., dent. int., tr. dor. (Chambolle-Duru). 75 fr.

3016. **Paradin** Historiarum memorabilium ex Genesi description, per Gulielmum Paradinum. — Historiarum memorabilium ex Exodo, sequentibusq libris descreptio, per Gulielmum Borluyt. Lugduni, apud Joan. Tornaesium, 1558, in-8, fig. du Petit Bernard à mi-page, mar. r., fil. à fr., dent int., tr. dor. (Duru). 150 fr.

Très bel exemplaire avec de belles épreuves des figures de Bernard Salomon.

Hauteur : 170 mill.

3017. **Historiæ** sacræ Novi Testamenti elegantissimis iconibus expressæ a variis huius superioris seculi pictoribus atque sculptoribus, Edente N. Piscatore. — Acta Apostolorum elegantissimis iconibus summo artificio delineata edente J. N. Vischer. — Visiones aposcalypticæ exhibitæ Johanni apostolo in insula Pathmo elegantissimis iconibus expressæ, edente Nic. Joh. Piscatore. — XII fidei apostolicæ symbola a N. J. Piscatora in luc·m edita. S. l. n. d., 4 parties en 1 vol. in-4 obl., v. br. 100 fr.

200 planches gravées par Martin de Vos, Muller, J. Strada, P. de Jode, M. Heemskerck, etc.

3018. **Hore** diuine Virginis Marie, secundun usum Romanum cum aliis multis folio sequenti notatis una cum figuris Apocalipsis et destructio Hierusalem et multis figuris Biblie insertis. (A la fin :) Finit officium beate Marie virginis secundum usum Romanum nouiter impressum, opera Germani Hardouyn, Parisiis. s. d.. (Almanach de 1818 à 1532). in-8, vélin bl., tr. dor. 300 fr.

Cet exemplaire imprimé sur vélin se compose de 84 feuillets entourés de filets d'or. Il est orné de 10 grandes figures coloriées représentant : Saint-Jean l'Evangéliste, Adam et Eve, l'Annonciation, la Visitation, la Nativité, l'Annonce aux Bergers, l'Adoration des Mages, la Présentation au Temple, la Fuite en Egypte, le Couronnement de la Vierge, Suzanne et les Veillards, le Roi David, Job sur son fumier, le Christ en croix,

le Saint-Esprit descendant sur les Apôtres, etc., etc. ; de 22 petites figures et d'une quantité d'initiales en or et en couleurs.

3019. **Horatii** (Quinti) flacci opera omnia recensuit et emendavit Joh. Aug. Amar. Parisiis Lefèvre, 1838, in-12, br. 3 fr.

3020. **Horatii** flacci opera omnia ex recensione Joannis casparis Orellii. Parisiis, Lefère, 1851, in-12, br. 4 fr.

3021. **Horatius** (Quintus) flaccus Daniel Heinsius. Amstelodami 1718, in-18, tr. dor 3 fr.

3022. **Horatius** (Quintus) flaccus. Parisiis, Didot, 1800, in-12, cart. n. rog. 4 fr.

3023. **Houdetot** (A. D.). Le chasseur rustique contenant la théorie des armes, du tir et de la chasse au chien d'arrêt, en plaine, au bois, au marais, sur les bancs, suivi d'un traité complet sur les maladies des chiens. Paris, Charpentier, 1847, in-8, demi-rel. toile avec coins, n. rog., fig. 8 fr.

3024. **Houssaye** (Arsène). Les Sentiers perdus. Paris, Masgana, 1841, in-12, br., couv. 4 fr.

Edition originale.

3025. **Humboldt** (A. de). Essai politique sur le royaume de la nouvelle Espagne. Paris, Renouard, 1825, 4 vol. in-8, demi-rel. chag. 15 fr.

3026. **Hume.** Histoire de la Maison de Stuart sur le trône d'Angleterre, 3 vol. — Histoire de la maison de Tudor, 2 vol. — Histoire de la Maison de Plantagenet, 2 vol. — Ensemble, 7 vol. Amsterdam, 1765, in-4, veau fauve anc, fil., tr. dor. 30 fr.

Très bel exemplaire en grand papier.

3027. **Hurtado de Mendoza.** Aventures et espiègleries de Lazarille de Tormes, écrites par lui-même. Paris, imp. de Didot, 1801, 2 vol. in-8, demi-veau. 350 fr.

Edition ornée de 40 figures et gravées par N. Ransonnette avant la lettre. La figure du 17e chapitre du tome II, qui manque presque toujours, s'y trouve.

On a ajouté : 8 dessins anciens à la plume et au lavis au tome II, 12 autres dessins (6 dans chaque vol.) à la sépia, fort jolis, signés Ch. Ch. 1817 (Chasselat).

3028. **Hurtaut.** Dictionnaire historique de la ville de Paris et de ses environs. Paris. Moutard, 1789, 4 vol. in-8, veau marb.. tr. rouge, plans 30 fr.

Et de Livres anciens et modernes

8029. **Hyacinthe**. Paris au Bal. Recueil complet de 12 planches lithographiées et coloriées. Album in-4, demi-percal. 20 fr.

3030. **Icones**. Sive imagines virorum literis illustrium quorum fide et doctrina religionis et bonarum literarum studio, nostra patrum que memoria, in Germania præsertim, in integrum sunt restituta. Recensente Nicolas Rensnero, curante Bernardo Jobino, Argentorati, 1587, pet. in-8, car. ital. titre et texte encadrés portraits gravés sur bois peau de truie comp. à froid. 160 fr.

Edition rare et recherchée pour la beauté des portraits qui y sont en premier tirage. Exemplaire b'en conservé.

3031. **Icones**. Sive imagines virorum illustrium, quorum fide et doctrina religionis et bonarum literarum studia, nostra patrum que memoria in Germania prœsertim, in integrum sunt restituto. Additis eorumdem elogiis diverorum auctorum ex secunda recognitione Nicola Rieensneri. Argentoroti, B. Jobinus, 1590, in-8, demi-rel. 40 fr.

Nombreux portraits sur bois par Tob. Stimmer.

3032. **Iconographie** (Nouvelle) des Camellias, contenant les figures et la description des plus rares, des plus nouvelles et des plus belles variétés de ce genre, Janvier 1855 à Décembre 1860, gr. in-8. en livraisons. 40 fr.

Nombreuses planches coloriées.

3033. **Iconologie** ou la science des emblêmes, devises, etc., qui apprend à les expliquer, dessiner et inventer. Ouvrage très utile aux orateurs, poëtes, peintres, sculpteurs, graveurs, etc. Enrichie et augmentée d'un grand nombre de figures avec des moralités, tirées la plupart de César Ripa, par J.-B. (Beaudoin) de l'Académie françoise. Amsterdam, Adrian Braakman, 1698, 2 vol. in-12, front. et fig., mar. vert, dos orné, fil., tr. dor. (Derome). 150 fr.

480 figures emblématiques tirées sur 80 feuilles.

3034. **Il Ballarino** di M. Fabritio Caroso da Sermoneta, divisa in due tratatti : nel primo de quali si dimostra la diversità de i nomi, che si danno à gli atti, et movimneti che intervengono ne i balli, et con molte regole si dichiara con quali creanze, et in che modo debbano farsi, et nel secondo s'insegnano diversi sorti di balli et balleti si allu' uso d'Italia come a quello di Francia et Spagna, ornato di molte figure con l'intavolatura di liuto, et il soprono della musica nella sonata di ciascun ballo. Venetia, Fr. Ziletti, 1581, in-4, fig. et musique, mar. r., dos orné, fil., dent. int., tr. dor. (Trautz-Bauzonnet). 350 fr.

Bel exemplaire d'un livre rare et recherché, contenant 1 portrait et 22 figures grav, par Giacomo Francho, d'après les dessins de la Rovère, dit le Mantuan. Ces gravures représentent les danses du XVIe siècle et sont surtout remarquables par la richesse des costumes des seigneurs et des dames qui figurent dans ces dances.

3035. **Illustres Prouerbes** (les). Noueaux et historiques ; expliquer par diuerses questions et morales en forme de dialogue, qui peuuent seruir à toutes sortes de personnes pour se diuertir agreablement dans les compagnies. Paris, N. Pepingué, 1665, 2 vol. pet. in-12, mar. rouge jans., dent. intér., tr. dor. (Chambolle-Duru). 100 fr.

On a ajouté à cet exemplaire sur grande planche pliée représentant les proverbes en action. Provient de la bibliothèque de Robert-Samuel Turner.

3036. **Images** des héros et des grands hommes de l'antiquité. Dessinées sur des médailles, des pierres antiques et autres anciens monuments, par Jean-Ange Canini, gravées par Picart le Romain, etc. Avec les observations de Jean-Ange et Marc-Antoine Canini, données en italien sur ces images, diverses remarques du traducteur (de Chevrières), et le texte original à côté de la traduction. A Amsterdam, chez B. Picard et J.-F. Bernard, 1731, in-4, portr., mar. rouge, dos orné, fil., tr. dor. (Rel. anc.) 100 fr.

Exemplaire en grand papier de ce bel ouvrage renfermant 115 planches. Les 10 dernières, publiées sans texte, et qui manquent souvent, s'y trouvent.

3037. **Imagines** Veteris ac Novi Testamenti a Raphaële Sauctio Urbinate in Vaticani Palatii xystis mira picturæ elegantia expressæ. Jo. Jacobi de Rubeis cura, ac sumptibus, delineatæ, incisæ, ac typis editæ. (Romae, 1675), in-fol. oblong, front. et pl., mar. rouge, dos orné, fil., tr. dor. (Rel. anc.). 150 fr.

Titre gravé avec portrait de Christine de Suède, portrait de Raphaël et 53 planches gravées par Fantettus et P. Aquila.
Reliure aux armes d'un évêque.

3038. **Imbert**. Le jugement de Paris,

poëme en 4 chants. Paris, 1772, in-8
veau fil. tr. rouges.   20 fr.

> Titre gravé par Moreau, 4 figures par
> Moreau, gravées par Née, Duclos, Mas-
> quelier Delaunay et 4 vignettes par
> Choffard.

3039. **Imitation** (l') de Jésus Christ,
traduite et paraphrasée en vers françois par P. Corneille. Imprimé à
Rouen, par L. Maurry, pour Robert
Ballard, à Paris, 1656, in-4, front. et
fig. par Chauveau, v. ant. gran.
50 fr.

> Première édition collective des qua-
> tre livres reunis de cette traduction.

3040. **Imitatione Christi**. Libri qua-
tuor, procipico regni administro, di-
cati, Parisiis, typographia fratris
regis, 1788, in-4, mar. rouge à long
grain, fil., tr. dor. (rel. anc.). 80 fr.

> Reliure très-fraîche. Belle édition en
> gros caractères. Frontispice.

3041. **Imp. Leonis Augusti** cons-
titutiones novellae aut correctoriæ
legum repurgationes latinæ nunc pri-
mum ab Henrico Agylæo factæ. Henr.
Stephanus excudebat, anno MDLX,
in-8, mar. vert, semis au pointillé,
coins dorés, milieu à compartiments,
dos orné, tr. ciselée et dorée. 120 fr.

> Reliure vénitienne du XVI° siècle exé-
> cutée dans le goût oriental.

3042. **Incomencia** uno confessionale
volgare d'l reverendissimo padre
beato frate Antonio arciueschovo di
Firenze : intitulato Specchio di cons-
cientia el quale e libro degno et utile
a chi desidera di salvare lanima. s.
l. n. d. 1488, pet. in-4, goth. mar. r.
fil., tr. dor. (Derome).   100 fr.

> Edition rare, non décrite, comprenant
> 106 fl, non ch. sign. a-l, par 8 ff., m,
> par 6 ff. et a et b. par 6 fl.
> Exemplaire incomplet du premier f.
> (blanc ?) ; quelques petites taches.

3043. **Janin** (Jules). L'Ane mort. Paris,
Em. Bourdin, 1842, gr. in-8, demi-
mar. gren. avec coins, tête dor., n.
rog. dos orné couv.   25 fr.

> Edition illustrée par Tony Johannot.

3044. **Janin** (Jules). Deburau. Histoire
du Théâtre à quatre sous pour faire
suite à l'histoire du Théâtre Français, seconde édition. Paris, Gosselin, 1832, 2 tomes en 1 vol. pet. in-12,
demi-rel. mar. bleu jans. avec coins,
tête dor. ébarbé.   25 fr.

> Rare. Portraits et frontispices.

3045. **Jaume St-Hilaire**. Plantes de
la France décrites et peintes d'après
nature. Paris l'auteur, 1808-09, 4 vol.
gr. in-8, veau marb.   140 fr.

400 planches coloriées. Bel exemplaire.

3046. **Jessée** (Jean de La). Les premières œuvres de Jean de la Jessée,
secrétaire de la Chambre de Monseigneur. A Anvers, de l'imprimerie de
Christofle Pantin, 1583, 2 tomes en 1
vol. in-4, portrait gravé, mar. bleu,
fil., coins et milieu, dorure à petits
fers dos orné, tr. dor.   100 fr.

> Léger raccommodage aux 8 premiers
> feuillets. Exemplaire Sellière, vendu
> 115 fr.

3047. **Jeu des Fables**. Cartes des
Rois de France. Paris, 1646, pet. in-8,
veau.   80 fr.

> Fables. Titre et 52 pièces. — Rois
> Titre et 39 pièces. Ensemble 93 pièces
> gravées à l'eau-fortes par Etienne Della
> Belle. Les titres ont été remargés dans
> le bas ; le nom de l'éditeur a été aussi
> enlevé.

3048. **Jeux de Calliope** (Les). ou collection de poèmes anglois, italiens,
allemands et espagnols, en 2, 3 et 4
chants. Londres et Paris, 1776, 2
part. en 1 vol. in-12 carré, demi-
veau avec coins tr. rouge.   5 fr.

> 4 figures par Gibelin, gravées par
> Marchand.

3049. **Jodelle** (Estienne). Les œuvres
poétiques d'Estienne Jodelle, sieur
du Lymodin. A Paris, chez Nicolas
Chesneau, 1574, in-4, mar. rouge
jans. dent. int., tr. dor. (Thibaron-
Joly).   300 fr.

> Très bel exemplaire.

3050. **Jouanneaux** (l'abbé). La géographie des légendes ou table géo-
graphique des noms de provinces
villes et autres lieux. Paris, 1740,
in-12, veau dos orné.   10 fr.

> Aux armes de machico de Prémeaux
> évêque de Périgueux.

3051. **Journal** des économistes in-8,
en livraisons, années séparées.

> | | |
> |---|---|
> | 1842 complète | 10 fr. |
> | 1842 manque, Juillet et Décemb. | 4 fr. |
> | 1865 manque, Mars, Avril et | |
> | Décembre. | 3 fr. |
> | 1864 complète | 6 fr. |
> | 1873 complète | 6 fr. |

3052. **Journal** des gourmands et des
belles ou l'Epicurien français. Paris,
Capelle et Renand, 1806, 4 vol. pet.
in-12, demi-veau viol. avec coins tr.
dor.   12 fr.

3053. **Journal** des jeunes personnes,
de l'origine, 1833 à 1849, inclus, 17
vol. gr. in-8, veau.   40 fr.

> 46 planches de costumes coloriées par
> Gavarni, Déveria etc. Avec patrons,
> vues de villes, chateaux, musique.

Et de Livres anciens et modernes

3054. Joyeuse (La) et magnifique entrée de monseigneur François fils de France et frère unicque du roy duc de Brabant, d'Anjou, Alençon, Berri, etc. en sa très renommée ville d'Anvers. Anvers, Ch. Plantin, 1582, in-fol. front. et planches demi-rel. mar. rouge avec coins.   250 fr.

Relation très rare ornée d'un front. et de 21 planches doubles gravées à l'eau-forte.
Belles épreuves.

3055. Jube (le général a). Le Temple de la gloire ou les fastes militaires de la France depuis le règne de Louis XIV jusqu'à nos jours. Paris, Rapet, 1819-20, 2 vol. in-fol. veau.   50 fr.

Contenant 38 planches représentant les principales batailles.

3056. Jubinal. Lea Anciennes tapisseries historiées ou Collection des ornements les plus remarquables de ce genre, qui nous sont restés du moyen âge, à partir du xie sièce jusqu'au xvie siècle. Paris, 1838-39, 2 vol. in-fol. oblong. demi-mar. rouge, avec coins, tête dor., non rog.   600 fr.

Ouvrage orné de 123 planches finement coloriées, montées sur onglets.

3057. Jubinal (Achille). La Armeria Real de Madrid, ou Collection des principales pièces de la galerie d'armes anciennes de Madrid, dessins de C. Sensi. Paris, 1839, 3 vol. in-fol., demi-percal., avec coins, non rog., montées sur onglets.   135 fr.

127 planches en couleur.

3058. Julii Caesaris commentariatum de Bello Gallica. Parisiis, J. Barbou, 1755, 2 vol. in-12 mar. rouge, fil. sur les plats dos orné tr. dor. (rel. anc.)   30 fr.

Frontispice de B. Picart et 4 cartes.

3059. La Beaumelle. Mémoires pour servir à l'histoire de Madame de Maintenon et à celle du siècle passé (recueillis par La Beaumelle). Amsterdam, 1755, 6 tomes en 3 vol. in-12, titre gravé, portr. — Lettres de Madame de Maintenon à diverses personnes et à M. d'Aubigné, son frère, (recueillies et retouchées par La Beaumelle), 9 tomes en 5 vol. in-12. Amsterdam, aux dépens de l'auteur, 1755-56. Ens. 8 vol. in-12, portr., mar. vert, dos orné, fil., tr. dor. (Derome.)   400 fr.

Bel exemplaire contenant les feuillets supprimés dans les Mémoires.
Portraits de Mme de Maintenon par Ficquet et Saint-Aubiu ajoutés.

3060. Laborde. Choix de chansons, mises en musique gouverneur du Louvre, ornées d'estampes en taille-douce. Rouen, Lemonnyer, 1881, 4 vol. gr. in-8, demi-mar., chag. rouge avec coins tête dor., n. rog., dos orné, couv.   110 fr.

Exemplaire sur papier Wathman avec les figures en deux états en noir et en bistre.

3061. Laboulaye. Essai sur l'art industriel comprenant l'étude des produits les plus célèbres de l'industrie à toutes les époques et des œuvres les plus remarquables à l'exposition universelle de 1851 et à l'exposition de Paris en 1855. Paris, 1856, gr. in-8, demi-chag. vert plats toile, n. rog.   6 fr.

Nombreuses figures dans le texte.

3062. Lachatre (M. de). Histoire des Papes, crimes, meurtres, empoisonnements, parricides, adultères, incestés. Paris, 1854, 10 parties reliées en 5 vol. gr. in-8, demi-chag. vert.   25 fr.

Nombreuses gravures sur acier.

3063. La Chenaye-Desbois. Dictionnaire de la noblesse contenant les généalogies, l'histoire et la chronologie des familles nobles de France, l'explication de leurs armes etc. Paris, Vve Duchesne, 1770-1778, 12 vol. in-4, veau marb.   225 fr.

Bon exemplaire.

3064. Lacroix (Paul). Le Moyen Age de la Renaissance, histoire et description des mœurs et usages, du commerce et de l'industrie, des sciences, des arts, des littératures et des beaux-arts, en Europe. Paris, 1848, 5 vol. in-4, fig. noires et coloriées, demi-rel. mar. ch. rouge, dos et coins, tête dor., n. rognés.   280 fr.

Bel exemplaire.

3065. La Croix du Maine. Les Bibliothèques françoises de La Croix du Maine et de Du Verdier. Nouvelle édition revue, corrigée et augmentée par M. Rigoley de Juvigny. A Paris, chez Saillant et Nyon, 1772-1773, 6 vol. in-4, portr. v. ant. éc. fil. tr. dor.   175 fr.

Bel exemplaire en grand papier.

3066. La Fage (Ad.) Histoire générale de la musique et de la danse. Paris, 1844, 2 vol. in-8, demi-chag. lavall. tr. jasp.   8 fr.

3067. Lafond (Ernest). Beaumont et Fletcher, avec une notice sur la vie de ces deux poëtes. Paris, Hetzel, 1865, in-8 br.   2 fr.

Achat de Bibliothèques

3068. La Fontaine. Fables choisies, mises en vers. Nouvelle édition gravée en taille-douce, les figures par le sieur Fessard, le texte par le sieur Montulay, dédiées aux enfans de France. Paris, l'auteur, 1765-1778, 6 vol. in-8, veau rac. tr. dor. 100 fr.

Exemplaire du 1ᵉʳ tirage contenant. frontispices, 244 figures, 243 vignettes et 229 culs-de-lampe grav. d'après Fessard par Bardin, Bidault, Caresne, Desrais, Houël, Huet, Leprince, Monnet, etc.

3069. Lafontaine. 72 eaux-fortes pour illustrer les fables de Lafontaine d'après Oudry, gravées par Courtry, Greux, Lemaire, Lerat, Martinez, Mongin, Monziés, Rousselle. Paris, Lemerre, 1875, in-8, en carton. 20 fr.

3070. La Fosse (Jean-Ch. de). Nouvelle Iconologie historique, ou Attributs hiéroglyphiques qui ont pour objets les quatre élémens, les quatre saisons, les quatre parties du monde et les différentes complexions de l'homme, etc. Paris, 1768, in-fol., fig., mar. rouge, dos orné, comp. de fil. sur les pl., tr. dor. (Petit-Simier.) 300 fr.

108 planches avec texte explicatif gravé.

3071. Lallemand (Ch.). Le Caire avec une préface de P. Loti, Alger, Gervais, Courtellemont, 1894, in-4, mar. gauffré, tête dor. 25 fr.

Nombreuses figures dans le texte et hors texte.

3072. Lamartine (A. de). Histoire des Girondins. Paris, Furne et Coquebert, 1847, 8 vol. gr. in-8, demi-chag. lavall. 25 fr.

3073. Langlès (L.). Monumens anciens et modernes de l'Hindoustan, décrits sous le double rapport archéologique et pittoresque. Paris, Didot, 1821, 2 vol. in-fol. demi-mar. vert, n. rog. 70 fr.

144 planches et 3 cartes. Bel exemplaire.

3074. La Pierre (J. de). Le Grand Empire de l'un et l'autre monde divisé en trois royaumes : le royaume des aveugles, des borgnes et des clair-voyants ; le tout enrichi de curieuses inventions et traicts d'éloquence françoise. A Paris, chez Denis Moireau, 1630, in-8, titre gr. et fig. de Crispin de Pas, mar. rouge, fil., dos orné, tr. dor. (Derome). 120 fr.

Aux armes du Marquis de Coislin.

3075. La Popelinière. Tableaux des mœurs du temps dans les différents

âges de la vie par Crébillon, fils, suivis de l'histoire de Zairietté par le Mⁱˢ de La Popelinière. A Venise, chez Bellopalazzo, s. d. 2 vol. pet. in-12, br. 20 fr.

Dialogues la plupart libres excessivement spirituels.
Réimpression faite à très petit nombre pour la « Societa dei amici delle létéré ». Rare.

3076. La Roque. Traité de la noblesse et de toutes ses différentes espèces. Nouvelle édition augmentée des traités du blason, des armoiries de France, de l'origine des noms, surnoms et du ban et arrière-ban. Rouen 1734, in-4, veau marb. 30 fr.

Edition la plus complète de cet ouvrage estimé.

3077. Lavallée (Jʰ.). Lettres d'un Mameluck ou tableau moral et critique de quelques parties des mœurs de Paris. Paris, chez Capelle, 1803, in-8, bas. 4 fr.

3078. Law (J.). Het groote tafereel der Dwaasheid. Le grand tableau, recueil d'estampes satyriques en mémoire de la folie incroyable, la 20ᵉ année du XVIIIᵉ siècle (en hollandais). Amsterdam, 1720, petit in-folio avec 75 pl., veau marbré comp. 40 fr.

Caricatures et pièces historiques sur le système de Law.

3079. Le Berryais. Traité des jardins ou le nouveau de la Quintinye contenant : la description et la culture des arbres fruitiers, des plantes potagères, des fleurs, des arbres et arbrisseaux. Paris, chez Fr. Didot, 1775, 2 vol. in-8, veau marb. 8 fr.

11 planches.

3080. Lebeuf (l'abbé). Histoire de la ville et de tout le diocèse de Paris. Paris, Prault père, 1754-1758, 15 vol. in-12, veau marb. 165 fr.

Ouvrage recherché de toute rareté. Les tomes 10, 11 et 12 diffèrent un peu comme reliure.

3081. Legay. Eglaï ou amour et plaisir, nouvelle édition augmentée d'une notice par Ch. Monselet. Bruxelles. Gay, 1883, 2 vol. in-8, br. 7 fr.

4 frontispices sur papier Japon.

3082. Léger (Jean). Histoire générale des églises évangéliques des vallées de Piémont ou Vaudoises, divisées en deux livres. A Leyde, chez Jean Le Carpentier, 1669, in-fol. mar. rouge, fil., dos orné. 100 fr.

Reliure ancienne très fraîche avec armoiries sur les plats. Frontispice et figures gravées. Très beau portrait ajouté remargé, carte. Piqure de vers dans la marge latérale, n'atteignant pas le texte.

3083. Le Laboureur. Mémoires de messire Michel de Castelnau seigneur de Mauvissière, avec les éloges des rois, reines, princes, etc. A. Bruxelles, chez J. Léonard, 1731, 3 vol. in-fol., veau, fil., dos orné, tr. rouges, port. 50 fr.

Contenant près de 400 armoiries gravées en taille-douce. Exemp. en grand papier.

3084. Lemau de la Jaisse. Plans des principales places de guerre et villes maritimes frontières du royaume de France. A Paris, chez Didot, 1736, in-12, veau tr. rouges. 20 fr.

Contenant 112 plans.

3085. Le Moyne. OEuvres Poétiques, enrichies de très belles figures en taille-douce. Paris, Thomas Jolly, 1672, in-fol., mar. brun, dent. int., tr. dor. (Belz-Niédrée.) 90 fr.

Superbe exemplaire.

3086. Le Petit (J. L.). Bibliographie des principales éditions originales d'écrivains français du xv au xviiie siècle. Paris, Quantin, 1888, gr. in-8, br. pap. vergé. 20 fr.

Ouvrage contenant environ 300 fac-similis de titres des livres décrits.

3087. Leroy (André). Dictionnaire de pomologie, contenant l'histoire, la description, la figure des fruits modernes les plus généralement connus et cultivés. Paris, 1867-1879, 6 vol. gr. in-8, fig., brochés. 28 fr.

Contient : Poires, 2 vol.: Abricots et Cerises, 1 vol.; Pêches, 1 vol.

3088. Le Saint. Les illustrations de l'armée française de 1789 à 1880, notice historique et biographique sur les principaux maréchaux et généraux accompagnée de leur portrait. Paris, 1882, pet. in-4, demi-rel. toile avec coins n. rog. 5 fr.

3089. Lesson (P.). Voyage autour du monde entrepris par ordre du gouvernement sur la corvette La Coquille. Paris, Pourrat, 1839, 2 vol. gr. in-8, demi-rel. chag. rouge. 8 fr.

Nombreuses planches et plans.

3090. Lettres sur l'Italie en 1785. Rome et se trouve à Paris, 1788, 2 tomes en 1 vol. in-8, demi-veau n. rog. 3 fr.

3091. Lièvre (Edouard). Musée impérial du Louvre. Collection Sauvageot, dessinée et gravée à l'eau-forte par Edouard Lièvre, accompagnée d'un texte historique et descriptif, par A. Sauzay. Paris, Noblet et Baudry, 1863, 2 vol. in-fol., demi-rel. mar. vert, dos et coins, tête dor., non rognés. 140 fr.

120 planches. Bel exemplaire.

3092. Livre (le) des prouffitz champestres et ruraulx, composé par Maistre Pierre des Crescens, trad. de langue toscane en françoys, auquel est traicté de la congnoissance du bon air, de la bonne terre, des bonnes eaues, du labour des champs. vignes, jardins, etc., de la manière de nourrir toutes bestes, volailles et oiseaulx de proye, pareillement la manière de prendre toutes bestes sauvages, poissons et oyseaux. On les vend à Lyon, en la maison de Pierre de Saincte-Lucie dict le Prince, 1539, pet. in-fol., gothique, fig. s. bois, veau brun mosaïque sur les plats tr. ciselée (rel. anc.). 750 fr.

Charmante reliure mosaïque très habilement restaurée.

3094. Longus. Les amours pastorales de Daphnis et Chloé, par Longus. Doubles traduction du Grec en François de M. Amiot et d'un anonyme, mis en parallèle, et ornées des estampes originales du fameux B. Audran, gravées aux dépens du feu Duc d'Orléans, Régent de France, sur les tableaux inventés et peints de la main de ce grand Prince, avec un frontisp. de Coypel, et autres vignettes et culs-de-lampe gravés par D. Fokke sur les dessins de Cochin et d'Eisen. A Paris, imprimé pour les curieux, 1757, in 4, texte encadré, maroq. rouge, fil., dent. int., tr. dor. 150 fr.

Edition contenant, outre les figures de l'édition de 1718 retouchées et entourées de beaux cadres ornés par Fokke, dont deux seulement sont différents, 1 fleuron sur le titre, 8 vignettes par Eisen et 8 culs-de-lampe par Cochin (4 sont répétés), tous gravés par S. Fokke, les mêmes que dans l'édition grecque et latine de 1754, La figure des petits pieds, différente de celle que l'on joint à l'édition originale, est placée à la page 162. Les culs-de-lampe sont ceux de l'édition de 1745, mais agrandis et retournés.

Très bel exemplaire relié par DE-ROME, avec son nom et son adresse, rue Saint-Jacques, n° 66.

3095. Longus. Les Amours pastorales de Daphis et de Chloé, traduites du grec par Amyot. A Paris, de l'imprimerie de P. Didot l'aîné, an VIII (1808), in-4, mar. rouge, fil., dent., coins et milieux, dorure à petits fers, dent. int., dos orné, tr. dor. (Belz-Niedrée.) 175 fr.

Exemplaire contenant la suite des

neuf figures dess. par Prud'hon et Gérard, gr. par Roger, Godfroy, Marais et Massart. épreuves avant la lettre sur papier de Chine. A la fin du volume, le texte grec du poème, le portrait de Pierre Didot et la figure intitulée : Le Bain, dess. par Le Barbier.

3096. Lorris (Guillaume de) et Jehan de Meung. Le Roman de la Rose. Nouvelle édition revue et corrigée sur les meilleures éditions et plus anciens manuscrits, par M. Méon, Paris, Imp. Didot, 1814, 4 vol. in-8, demi-mar. bleu avec coins, tête dor., n. rog. (Petit-Simier).   80 fr.

> 2 portraits et figures de Monnet. Très bel exemplaire en grand papier vélin.

3097. Loti (Pierre). Les trois dames de la Kasbah conte oriental. Paris Calmam-Lévy, 1884, in-12 carré, pap. vergé teinté, br., couv.   85 fr.

> Exemplaire orné de 16 aquarelles originales de Gaston Roullet, sur les marges.

3098. Louvet de Couvray. Les Amours du chevalier de Faublas. Paris. Ambr. Tardieu, 1821, 4 vol. in-8, br. n. rog.   30 fr.

> 8 jolies gravures, dessinées par Collin.

3099. Louvet de Couvray. Amours du chevalier de Faublas, nouvelle édition ornée de 4 jolies gravures d'après Marillier, grav. à l'eau-forte par Champollion. Paris, 1884, 4 vol. in-16, titre r. et n., texte encadré, br. couv.   40 fr.

> L'un des 75 exemplaires sur papier du Japon.

3100. Lucretii cari de rerum natura. Parisiorum, J. Barbou, 1754, in-12, mar. rouge fil. dos orné tr. dor. (rel. anc.)   20 fr.

> Front. et 6 figures de Duflos.

3101. Lurine (Louis). Les rues de Paris. Paris ancien et moderne, origines, histoire, monuments, costumes, mœurs, chroniques et traductions. Paris, Kugelmann, 1844, 2 vol., gr. in-8, cart.   12 fr.

> Illustré de 300 dessins dans le texte et hors texte.

3102. Lecomte (H). Costumes civils et militaires de la monarchie française depuis 1200 jusqu'en 1628 (Paris, Delpech, 1821), gr. in-4. demi-rel. dos et coins de chag. r. poli, tête dor., éb. (Titres raccommodés et taches de rousseur.)   85 fr.

> 192 planches lithogr. coloriées.

3103. Machiavelli. Nicolai Machiavelli Florentin. Princeps ex sylvestri telii fulginatis traductione dili-

genter, emendatno Lugdum Batavorum H. de Vogel, 1643, in-12, mar. rouge ancien, fil., tr. dor.   8 fr.

> Titre frontispice gravé.

3104. Mahalin (Paul). Les jolies actrices de Paris. Paris, Tresse, 1878, in-12, demi-mar. gren. avec coins tête dor., n. rog., couv.   6 fr.

3105. Maillardi (Oliveri) Sermones latinè. Parisiis, Jehan Petit, 1506-1512, 4 vol. in-8, goth. à 2 col. v. f. ant. dos orné, fil.   80 fr.

> Sermones de Lanctis per totum anni circulum. — Sermones de Adventu declamati Parisiis. — Quadragesimale opus declamatum Parisiorum urbe. — Opus quadragesimale in civitate Nanetensi declamatum. — Feria VI de Passione sermo. — Sermones dominicales una cum aliquibus aliis.

3106. Maitre (Pierre), ou jeunesse et folie, histoire plus que véritable, précédée d'une dédicace, à l'auteur de l'enfant du Carnaval. Paris, Durosiers, 1803, 3 tomes en 1 vol. in-12 demi-veau vert.   5 fr.

> 3 figures.

3107. Mantz (Paul). Hans Holbein, dessins et gravures sous la direction d'Edouard Lièvre, in fol. en feuilles dans un carton.   150 fr.

> Exemplaire sur papier de Chine avec triple suite de gravures à l'eau-forte.

3108. Manuel (Pierre). La police de Paris dévolée. Paris, Garnery, s. d. 2 vol. in-8, demi-rel. veau.   10 fr.

> 1 frontispice et un tableau.

3109. Marchangy (de). La Gaule poétique. Paris, Baudouin, 1824, 6 vol. in-8, portr., demi-rel. v. fauve. 14 fr.

> Portrait sur chine, bel exemplaire.

3110. Marchangy (de). Tristan le voyageur. ou la France au xive siècle. Paris, U. Canel, 1825, 6 vol. in-8, demi-veau tr. marb.   15 fr.

3111. Marmontel. Mémoires d'un père, Paris, E. Ledoux, 1827, 2 vol. in-8, demi-rel. veau, port.   4 fr.

3112. Marolles (Michel de). Tableaux du Temple des Muses, tirez du cabinet de feu M. Favereau, avec les descriptions, remarques et annotations. Paris, Ant. de Sommaville, 1655, in-fol., mar. rouge, fil., dos orné, tr. dor. (Derome.)   250 fr.

> Bel exemplaire de l'édition originale recherchée à cause des 60 figures gravées par Bloèmaert, d'après Diepenbeke. dont elle est ornée.

3113. Marot (Clément). OEuvres de Cl. Marot de Cahors vallet de chambre du roy, plus amples et en meilleur ordre que paravant. A Paris, chez J. Bogard à l'image St Christophe devant le collège de Cambray, 1545, pet. in-12, de 372 ff. chif. et 11 ff. de table veau milieux dorés, tr. ciselée.   100 fr.

3114. Mary Lafon. Rome ancienne et moderne depuis sa fondation jusqu'à nos jours. Paris, Furne, 1852, gr. in-8, cart.   5 fr.

Nombreuses gravures.

3115. Massillon. OEuvres complètes. Paris, Ant.-Aug. Renouard, 1810, 13 vol. in-8, port., demi-rel. v. fauve, non rognés. (Hering).   60 fr.

Bel exemplaire, portrait.

3116. Mathaei Bossi, Veronensis, canonici regularis, De instituendo sapientia animo Disputationes per dies VIII. in pratis D. Leonardi iuxta Veronam religiosissime habitas, lector, agnoscito pieque gustato, quibus o vere sapiens per Christum euadito. — ... Opus hoc impressum... a Platone de Benedictis Bononiae, anno Salutis milesimo, quadringentesimo nonagesimoquinto (1495) Octauo idus Nouembres. In-4 de 128 ff. — Mattaei Bossi... In Iesu Christi Saluatoris passione flebilis et deuotissimus sermo. — Impressum Bononaniae per Platonem de Benedistis de Bononia anno salutis milesimo quadringétesimo et nonagesimoqnto (1495) tertio idus Nouembris. In-4 de 12 ff. — Ensemble 2 parties en 1 vol. in-4, mar. brun, fers à froid. (Rel. anc.).   800 fr.

Superbe exemplaire de ce volume rare imprime sur peau de vélin.

Les grandes initiales sont peintes et rehaussées d'or. (Hain, nᵒˢ 3677 et 3678.)

3117. Maurin (Albert). Galerie historique de la révolution 1787-99. Paris, Amic L. Ainé, s. d. 5 vol., gr. in-8 demi-rel. chag.   20 fr.

Nombreux portraits.

3118. Maury (Mgr le cardinal). Essai sur l'éloquence de la chaire, nouvelle édition, considerablement augmentée. Paris, de l'imprimerie de Crapelet, 1810, 2 vol. in-8 demi-veau fauve, port.   4 fr.

3119. Melling. Voyage pittoresque dans les Pyrénées françaises et dans les départements adjacents. Avec un texte par Cervini, de Macerato. Paris, 1826-1830, in-fol. oblong. en feuilles.   30 fr.

Portrait et 72 planches. Incomplet

de la planche intitulée · Les Rives de l'Ariège au sud de Tarascon.

3120. Mémoires de Maximilien de Béthune duc de Sully, principal ministre de Henry-le-Grand, mis en ordre, avec des remarques. Londres, 1745, 3 vol. in-4 veau.   15 fr.

Avec deux jolis portraits.

3121. Mémoires de Condé, servant d'éclaircissement et de preuves à l'histoire de M. de Thou, contenant ce qui s'est passé de plus mémorable en Europe. Ouvrage enrichi d'un grand nombre de pièces curieuses, qui n'ont jamais paru, et de Notes historiques, (par Secousse et Lenglet Defresnoy), orné de portraits, vignettes et plans de batailles. Londres et Paris, Rollin, 1743, 6 vol. in-4, front., portr. et pl., veau. (Rel. anc.).   60 fr.

Histoire religieuse, politique et militaire de la France sous François II et Charles IX.

3122. Mémoires de messire Roger de Rabutin, comte de Bussy. A Paris, chez Jean Anisson, 1691, 2 vol. in-4 veau, dos orné, port.   30 fr.

Edition originale.

3123. Mémoires du comte de Forbin, chef d'escadre, chevalier de l'ordre de Saint-Louis. Amsterdam, chez Fr. Girardi, 1748, 2 vol. in-8 veau marb. tr. rouges.   4 fr.

3124. Mémoires tirées des papiers d'un homme d'état sur les causes secrètes qui ont déterminé la politique des cabinets dans la guerre de la révolution depuis 1792 jusqu'en 1815. Paris, Ponthieu, 1828, 12 vol. in-8 demi-rel. veau.   28 fr.

3125. Méon. Blasons, poésies anciennes, recueillies et mises en ordre par D. M. M*** (Mion). Paris, G. Guillemot, 1807, in-8 veau rac.   15 fr.

Exemplaire avec les cartons des pp. 53-64.

3126. Méon et **Barbazan.** Fabliaux et Contes des poëtes françois des xiᵉ et xvᵉ siècles, tirés des meilleurs auteurs, publiés par Barbazan. Nouvelle édition revue par M. Méon. Paris, Warel (imp. de Crapelet), 1808, 4 vol. — Nouveau Recueil de fabliaux et contes inédits publié par M. Méon. Paris, Chasseriau, 1823, 2 vol. — Ensemble 6 vol. gr. in-8, demi-maroq. rouge avec coins, tête dor., n. rog. (Brany).   275 fr.

Splendide exemplaire en grand papier de Hollande, très rare avec 6 figures celle du Nouveau recueil sont en double état sur chine collé et sur papier vélin.

Achat de Bibliothèques

3126. **Méon**. Le Roman du Renart. Paris, Treuttel et Wurtz, 1826, 4 vol. in-8. — Chabaille. Supplément au Roman du Renart. Paris, 1835, 1 Vol. — Ensemble, 5 vol. in-8 demimaroq. lavall. avec coins, tête dor. n. rog. 100 fr.

Très bel exemplaire, sur papier de Hollande, avec les figures avant la lettre et à l'état d'eau-forte.

3127. **Mérard de Saint-Just**. L'Occasion et le moment, ou les petits riens, par un amateur sans prétention. La Haye et Paris, Jombert. Imprimerie de Didot l'aîné 1782, 4 part. en 1 vol. in-8 mar. orange, fil. dos orné, dent. int. tr. dor. (David). 30 fr.

Charmant petit volume. Ce livre a, dit Renouard, un véritable mérite typographique.

3128. **Mercier**. Mon bonnet de nuit. A Neuchatel, 1780, 4 vol. in-8 veau marb. 10 fr.

3129. **Mercuri**. Costumes historiques des xiie, xiiie, xiv et xve siècles, tirés des monuments les plus authentiques de peinture et de sculpture, dessin et grav. par P. Mercuri, avec texte histor. et descriptif par C. Bonnard, édit. revue par Ch. Blanc. Paris, 1860-61, 3 vol. avec 200 planches color. — Costumes historiques des xvie, xviie et xviiie siècles, par Le Chevallier-Chevignard, avec texte par G. Duplessis. Paris, 1867, 2 vol. avec 150 planch. color. — Ens. 5 vol. in-4, demi-rel. dos et coins de mar. bl. à nerfs, fil., tr. dor. (Petit-Simier.) 280 fr.

Bel exemplaire.

3130. **Mérimée** (Prosper). La Chambre bleue, nouvelle écrite pour l'impératrice Eugènie. Seconde édition augmentée. France et Belgique, 1872, pet. in-8, br., couv. 25 fr.

Rare.

3131. **Messieurs** les Cosaques, relation charivarique, comique et surtout véridique des hauts faits des Russes en Orient, par MM. Taxile Delord, Clément Carraguel et Louis Huart. Paris, V. Lecou, 1854, 2 vol. in-12, demi-mar. chag. rouge, n. rog. 12 fr.

100 vignettes par Cham.

3132. **Méténier** (Oscar). La Grâce. Paris, Giraud et Cie. 1886. in-12, cart., dos et coins de perc., non rog. 45 fr.

Edition originale avec la couverture. Exemplaire tiré sur papier de Hollande,

enrichi de 6 aquarelles de J. Apoux, dans les marges.

3133. **Méthode** chrétienne pour finir saintement la vie, ou suite du miroir de l'âme du Pécheur et du Juste à l'heure de la mort. Lyon, Fr. Viret, 1737, in-12, demi-chag., avec coins. 3 fr.

2 figures gravées.

3134. **Meursius**. Joanni Meursii elegantia latini sermonis seu Aloisie sig toletana de arcanis amoris et veneris adjunctis fragmentis quibusdam eroticis. Lugduni Batavorum, ex typis Elzevirianis. Paris, Barbou, 1774, 2 part. en 1 vol. in-8 veau, fil. tr. dor. 25 fr.

Bel exemplaire ; titre et frontispice gravés.

3135. **Mézeray** (de). Histoire de France avant Clovis. Amsterdam, Abr. Wolfgang, 1692, 6 vol. in-12, front. gravé — Abrégé chronologique de l'histoire de France. Amsterdam, Abr. Wolfgang, 1673-1674, 6 vol. in-12, front. et portrait gravés. — Ensemble 7 vol. in-12, mar. rouge jans., dent. int., tr. dor. 100 fr.

Bel exemplaire.

3136. **Michaud** et **Poujoulat**. Mémoires pour servir à l'histoire de France, depuis le xiiie siècle jusqu'à la fin du xviiie siècle. Paris, 1836, 32 vol. gr in-8, demi-rel. veau, tranches peigne. 180 fr.

3137. **Millingen** (James). Peintures antiques de vases grecs de la collection de sir John Coghill, Bart. Rome, 1817, 2 vol. in-fol., demi-rel., mar., avec coins, têtes dor., non rog. 140 fr.

112 planches gravées.

3138. **Mirabeau** (Le Cte de). Histoire secrète de la cour de Berlin ou correspondance d'un voyageur françois. S. l., 1789, 2 vol. in-8 veau, dos orné. 10 fr.

3139. **Miroménil**. Archives d'Anjou, recueil de documents et mémoires inédits sur cette province, publié sous les auspices du conseiller général du Maine-et-Loire, par Paul Marchegay. Angers, 1843, in-8 demi-veau gris, figures. (Kœhler). 5 fr.

3140. **Mirys**. Figures de l'histoire de la république romaine accompagnées d'un précis historique. A Paris, chez le citoyen Mirys, an VIII, 13 livr., in-4, rel. veau. 65 fr.

1 frontispice et 132 figures gravées par Auvray Baquoy, Dambrun, de Lon-

Et de Livres anciens et modernes

gueil, etc. Cohen n'indique que 108 figures. Quelques piqûres de vers.

3141. Mœurs (Les). S. l., 1748, in-4, mar. rouge ancien, fil. tr. dor., dos orné.   150 fr.

Vignette sur le titre. Frontispice remonté.

Très bel exemplaire en grand papier, en reliure ancienne d'une grande fraîcheur.

3142. Molière. OEuvres de M. de Molière. Amsterdam, Jacques Le Jeune, Dan. Elzevier, 1675, 5 vol. pet. in-12. — OEuvres posthumes de M. de Molière, enrichies de figures en taille-douce. Amsterdam, Jacques Le Jeune, 1684, pet. in-12. Ensemble, 6 vol. in-12, mar. rouge, dos ornés, fil., tr. dor. (Lortic.)   250 fr.

Hauteur 129 millim.

3143. Molière. OEuvres complètes. Paris, Lahure, s. d., 2 tomes en 1 vol. gr. in-8, demi-mar. rouge, tr. jasp., couv.   8 fr.

Illustré de nombreuses vignettes.

3144. Monstrellet (Enguerran). Le premier, le second et le tiers volume des Croniques de France, Dangleterre, Descoce, Despaigne, de Bretaigne, de Gascongne, de Flandres et lieux circonvoisins. Imprimé à Paris pour Francois Regnault, 1518, 3 vol. in-fol., caract. goth., vél. bl. 250 fr.

Bel exemplaire grand de marges.

3145. Montaigne. Essais. Donnez sur les plus anciennes et les plus correctes éditions. Avec des notes et une table générale des matières plus utile que celles qui avaient paru jusqu'ici. Par Pierre Coste. Londres, J. Nourne, 1739, 6 vol. in-12, veau fauve ancien.   20 fr.

3146. Montaigne. Les Essais. Donnez sur les plus anciennes éditions, augmentez de plusieurs lettres de l'auteur. Avec des notes et de nouvelles tables des matières par P. Coste. Paris, 1725, 3 vol. in-4 veau, marb.   30 fr.

Très beau portrait gravé par Chéreau.

3147. Montesquieu. Le Temple de Gnide suivi d'Arsace et Isménie. Paris de l'imprimerie de Didot, 1796, in-12 veau, orn. sur les plats, tr. dor. pap. vél.   20 fr.

3148. Moreau. Les Saintes prières de l'ame chrestienne. Escrites et gravées après le naturel de la plume. Par P. Moreau, Mre Escrivain Juré à Paris. A Paris, chez l'auteur, 1632, in-12. chagrin vert, tr. dor.   100 fr.

Volume entierement gravé avec bordures à chaque page ornées de fleurs, fruits et arabesques.

3149. Morel (Léon). La Provence illustrée ou précis de l'histoire de Provence depuis l'occupation romaine jusqu'à nos jours. Carpentras, imp. Devillario, 1843, 2 vol. gr. in-8, cart. n. rog.   12 fr.

Nombreuses planches en lithographie.

3150. Morris (The Rev. F. O.). History of british birds. London Groombridge and sons, 1863-64, 6 vol. gr. in-8, fig. color., cart. perc., fers spéciaux, non rog.   100 fr.

358 planches coloriées.

3151. Morus (Th.). Idée d'une république heureuse, ou l'Utopie de Th. Morus, traduite en françois par M. Gueudeville. Amsterdam, 1730, in-12 veau.   20 fr.

Figures de Bleyswyk. La figure de l'étalage viril qui manque souvent s'y trouve.

3152. Mouillard (Lucien). Les Régiments sous Louis XV. Constitution de tous les corps de troupes à la solde de France, pendant les guerres de succession à l'empire et de Sept Ans. Paris, Dumaine, 1882, in-fol. cart. n. rog.   30 fr.

46 planches coloriées.

3153. Muller (Eug.) Le jour de l'an et les étrennes, histoire des fêtes et coutumes de la nouvelle année chez tous les peuples dans tous les temps. Paris, Dreyfous, gr. in-8, demi-chag. gren., plats toile, tr. dor.   5 fr.

Illustré de 200 gravures.

3154. Muller (Eugène). La Forêt. Son histoire. — Sa légende. — Sa vie. — Son rôle. — Ses habitants. Illustrations de Bodmer, Chifflard, Corot, Diaz, J. Dupré, Giacomelli, Th. Rousseau, Scott ; gravure de F. Méaulle. Paris, P. Ducrocq, 1878, gr. in-8, mar. brun, fil., compart., coins dorés, dos ornés, dent. intér., tr. dor. (Pagnant.)   220 fr.

Très bel exemplaire contenant les huit dessins originaux de F. Chifflard.

3155. Muret (Théodore). L'histoire par le théâtre (1789-1851). Paris, Amyot, 1865, 3 vol. in-8, demi veau fauve.   7 fr.

3156. Murger (Henry). Les Nuits d'hiver, poésies complètes, suivies d'études sur Henry Murger. Paris, M. Lévy, 1861, in-12 br., couv., n. rog.   8 fr.

Edition originale.

Achat de Bibliothèques

3157. Muse pariétaire (La) et la muse foraine ou les chansons des rues, depuis 15 ans, par C. N. (Ch. Nodier.) Paris, J. Gay, 1863, in-12 mar. rouge, large dent. sur les plats, dent. int., n. rog., dos orné.   30 fr.

L'un des 50 exemplaires sur papier de Hollande.

3158. Musée du Louvre (Le). Collection de 500 gravures au burin reproduisant les principaux chefs-d'œuvre de la peinture et de la sculpture du musée du Louvre, texte revu, annoté et complété par L. de Veyran. Paris, Hermet, 10 vol. gr. in-fol. demi-rel. mar. rouge, tête dor., n. rog.   500 fr.

Bel exemplaire.

3159. Nain (Le) jaune refugié par une société d'anti-éteignoirs. Bruxelles, 1816, 2 vol. in-8, demi-rel. veau bleu.   10 fr.

3160. Neuwe civische figuren darinnen die gantze Romische historien kunstlich begriffen und angezeigt. Geordnet und gestellt durch den fürtresslichen und kunstreichen Johan Bockspergen, den jungern, und mit sonderm steisz nach gerissen durch den auch kunstreichen und wolerfarnen Josz Amman von Zurnch Nachmals mit Teutschen Reimen kurtz begriffen und erklärt, durch Heinrich Peter Rebenstock. Gedruckt zu Frankfurt am Mayn, 1573, in-4 oblond, fig., vélin.   120 fr.

107 planches gravées sur bois d'après les dessins de Jost Amman et représentant différents faits de l'histoire romaine.

3161. Noël du Fail. Les Contes et Discours d'Eutrapel, par le feu seigneur de la Herissaye, gentil-homme Breton. A Rennes, pour Noël Glamet, de Quinpercorentin, 1585. pet. in-8, mar. rouge, milieux, dorure à petits fers, dos orné, dent. int., tr. dor. (Trautz-Bauzonnet.)   200 fr.

Bel exemplaire de la première édition.

3162. Nogaret Le Fond du Sac ou restant des babioles de M. X***, membre éveillé de l'Académie des Dormans. A Venise (Paris-Cazin), chez Pantalon-Phébus, 1780, 2 tomes en 1 vol. pet. in-12, mar. grenat. fil., dent. int., tr. dor. dos orné. (Lansselin.)   30 fr.

1 frontispice et 9 très jolies vignettes, par Duplessis-Bertaux.

3163. Norden (Frédéric-Louis). Voyage d'Egypte et de Nubie. Ouvrage enrichi de cartes et de figures dessinées sur les lieux, par l'auteur. Copenhague, de l'imprimerie de la Maison royale des Orphelins, 1755, 2 tomes en 1 vol. in-fol., v. marb., fil.   75 fr.

Frontispice, portrait et 159 planches.

3164. Noseret (Fernandez). Coleccion de las principales suertes de una corrida de toros, grabada por Luis Fernandez Noseret. S. l., n. d., in-fol. oblong, cart. perc.   60 fr.

Frontispice et 12 planches numérotées coloriées.

3165. Nostradamus (Michel). Les vrayes centuries et propheties, où se voit représenté tout ce qui s'est passé, tant en France. Espagne, Italie, Alemagne, Angleterre, qu'autres parties du monde. Amsterdam, chez Jean Jansson, 1668, in-18 mar. rouge, fil., dos orné, dent. int., tr. dor. (Capé.)   60 fr.

Très jolie petite édition se joignant à la collection des elzeviers. Titre, frontispice et figures gravés. Haut. 124 mill.

3166. Nouveau parterre du Parnasse françois ou recueil des pièces les plus rares et les plus curieuses, caractères, allusions, pensées morales, ingénieuses et galantes des plus célèbres poëtes françois. Par M. D. B. B. Utrecht. Et. Neaulme, 1737, in-12, veau.   4 fr.

Frontispice gravé

3167. Nouveau Testament de Notre-Seigneur Jésus-Christ, traduit en français par M. Le Maistre de Sacy. Nouvelle édition ornée de 96 figures gravées d'après les dessins de MM. Marillier et Monsiau. Paris, Gay, Ponce, Belin, an XIII, 3 vol. in-4, fig. cart. non rog.   135 fr.

Exemplaire en papier vélin avec les figures avant la lettre, provenant de la bibliothèque Génard.

3168. Nouveau Théâtre de la Grande-Bretagne, ou Description exacte des Palais de la Reine et des maisons les plus considérables des seigneurs et des gentils hommes de la Grande-Bretagne. le tout dessiné sur les lieux et gravé sur 80 planches où l'on voit aussi les Armes des Seigneurs et des Gentils hommes. A Londres, chez David Mortier, 1708, in-fol., planches, mar. olive, dent., dos orné, tr. marbrée.   250 fr.

Bel exemplaire.

3169. Nuovo (Il) ed eterno Testamento di Giesu-Christo. In Léon, par Giovanni di Tornes e Guillelmo Gazeio, 1556, 2 part en 1 vol. in-12, mar. lavall. jans., dent. int., tr. dor. (Trautz-Bauzonnet.)   100 fr.

Très bel exemplaire de cette édition peu commune, contenant de nombreuses figures sur bois.

3170. **Oppenord** (Gille-Marie), directeur général des bâtiments de S. A. R. Mgr le duc d'Orléans. Son œuvre, contenant différents fragments d'architecture et d'ornements à l'usage des bâtiments, etc. Paris, Huquier, s. d., in-fol., demi-rel. mar. rouge. 1,500 fr.

Titre, portrait, dédicace, 117 planches en 80 feuilles gravées par Huquier.

3171. **Ovide**. La vita et metamorfosco d'Ovidio, figurato d'Epigrammi da M. Gabriello Symconi A Lione per Giovanni, 1559, in-8, encadr. et fig. sur bois, mar. vert, fil., dos à petits fers, dent. int., tr. dor. (Lortic.) 120 fr.

Bel exemplaire de la 2e édition des figures du Petit Bernard.

3172. **Ovide**. Les Métamorphoses, traduites en françois, par P. Du Ryer, avec des explications sur toutes les fables. Paris, de Sommaville, 1655, in-4 veau. 20 fr.

Figures en taille douce.

3173. **Ovide**. Métamorphoses d'Ovide en rondeaux imprimez et enrichis de figures, dédiez à Mgr le Dauphin (par Benserade). Paris, impr. Royale, 1676, in-4, fig. mar. r., dos orné, fil. doublé de mar. r. dent. tr. dor. (Rel. anc.) 160 fr.

Exemplaire réglé en grand papier. Frontispice de Sébastien Le Clerc et figures de Chauveau à mi-page.

3174. **Ovide**. Nouvelle traduction des élégies amoureuses. A Bruxelles, chez G. de Backer, 1736, 2 parties en 1 vol. in-12, mar. rouge, fil, dos orné tr. dor. (rel. anc.) 12 fr.

3175. **Ovven Jones**. Grammaire de l'ornement, illustrée d'exemples pris de divers styles d'ornement. Londres, 1865, pet. in-fol., cart. 75 fr.

112 planches coloriées.

3176. **Palladio**. Les bâtiments et les dessins d'André Palladio, recueillis et illustrés par Octave Bertotti Scamozzi. en italien et en françois. Vicence, 1776 83, 5 vol. gr. in-fol., veau. 100 fr.

3177. **Palustre** (Léon). La Renaissance en France. Paris, Quantin, 1879-1885, 3 vol. in-fol. cart. 200 fr.

Nombreuses gravures sous la direction d'Eugène Sadoux, publié à 375 fr.

3178. **Paradin** (Cl.). Devises héroïques par Cl. Paradin, chanoine de Beaujeu. Lyon, Jan de Tournes et G. Ga-zeau, 1557, pet. in-8, mar. bleu du Levant à nerfs, dent. int., tr. dor. (Chambolle-Duru.) 100 fr.

Titre entouré d'une bordure. Nombreuses figures d'emblèmes par Le Petit Bernard, Exemplaire grand de marges et bien conservé.

3179. **Paris-Guide**, par les principaux écrivains et artistes de la France. Paris, Lacroix, 1867, 2 vol. in-8, br., figures. 18 fr.

Exemplaire sur papier de Chine.

3180. **Paris-Londres**. Keepsake français. Paris, Delloye, 1837, 4 vol. in-8 veau bleu, orn. sur les plats, dos orné, tr. dor. 30 fr.

Nombreuses figures sur acier.

3181. **Paris** qui s'en va et Paris qui vient, dessiné et gravé par Léopold Flameng. Paris, A. Cadart, 1859, pet. in-fol., demi mar. brun avec coins n. rog. 50 fr.

26 planches gravées à l'eau-forte.

3182. **Pasquier** et **Denis**. Plan topographique et raisonné de Paris. Paris, 1758, in-12 broché. 15 fr.

Ce volume entièrement gravé, renferme 3 plans de Paris et des environs et 40 plans de quartiers. Il est orné de 12 jolis petits en-tête ou culs de lampe représentant des vues de Paris.

3183. **Passerat** (Jean). Le Premier livre des poèmes de Jean Passerat, reveus et augmentez par l'autheur en cette dernière édition. A Paris, par la veufve Mamert-Patisson, 1602. — Joannis Passerati, Kalendæ Januariæ et varia quædam poëmatia. Lutetiæ, apud viduam Mamerti Patissonii, 1603, 2 parties en 1 vol. in-8, port. mar. brun foncé, milieu doré, dent. int. tr. dor. (Capé.) 75 fr.

Les Poèmes : 2 ff. non chiff. pour le titre avec privilège au verso, et l'index; 1 portrait de Passerat gravé par Thomas de Leu, remmargé ; 44 ff. chiffres. — Les Kalendæ januariæ : 2 ff. non chiff. pour le titre et la dédicace ; 77 ff. chiffrés ; 2 ff. non chiffrés pour l'index avec le privilége au verso du dernier feuillet. On y a joint le feuillet 67 de l'édition in-4 de 1597, contenant deux pièces de vers qui n'ont pas été reproduites ici.

Exemplaire grand de marges.

3184. **Pelletan** (Eugène). La Nouvelle Babylone. Paris, Pagnerre, 1863, in-8 br. 1 fr. 50

3185. **Pelletan** (Eugène). Les droits de l'homme. Paris. Pagnerre, 1858, in-8 br. 1 fr. 50

3186. **Pelletan** (Eugène). Profession de foi du XIXe siècle. Paris, Pagnerre, 1857, in-8, br. 1 fr. 50

Achat de Bibliothèques

3187. Percier et **Fontaine**. Choix des plus célèbres maisons de plaisance de Rome et de ses environs. Paris, imp. Didot, 1809, in-fol., dem. chag. vert. 40 fr.

75 planches.

3188. Percier et **Fontaine**. Description des cérémonies et fêtes qui ont eu lieu pour le couronnement de leurs majestés Napoléon et Joséphine son Auguste épouse. Paris, 1807, in-fol., max., cart., n. rog. 40 fr.

12 planches.

3189. Perissin et **Tortorel**. Premier volume, contenant quarante tableaux ou histoire diverses qui sont mémorables touchant les guerres, massacres et troubles advenus en France en ces dernières années (1556-1570). Le tout recueilly selon le tesmoignage de ceux qui y ont esté en personne et qui les ont veues lesquels sont pourtraits à la vérité. In-fol. vél. 350 fr.

Titre et 37 planches. Précieuse suite d'estampes historiques gravées sur bois et sur cuivre, par Tortorel et Périssin. Premier et seul volume qui ait paru de cette suite, si curieuse sous le triple rapport de l'histoire, des costumes et de l'art.
Raccommodages.

3190. Perrault. Labyrinthe de Versailles. Paris, impr. Royale, 1679, in-8, veau, fil., dos orné, tr. dor. 35 fr.

Jolies figures de Sébastien le Clerc. L'explication en prose est de Ch. Perrault et les fables en vers sont de Benserade. Armoiries de France grattées sur les plats.

3191. Perret (Paul). Les châteaux historiques de la France. Châteaudun. Paris, Oudin, frères, 1881, livr. in-4. 4 fr.

Eaux-fortes.

3192. Petity (de). Bibliothèque des artistes et des amateurs ou tablettes analytiques et méthodiques sur les sciences et les beaux-arts. Paris, Simon, 1766, 3 vol. in-4, demi-veau. 15 fr.

Frontispice et figures de Gravelot, nombreux motifs d'architecture tels que chapiteaux, caractères d'imprimerie, genres d'écriture ; quelques déchirures dans la table des matières. Très rare.

3193. Picta poesis. Ab authore denuo recognita. Lugdini, apud Ludovicum et Carolum Pesnot, 1563. (A la fin :) Lugdini, Mathias Bonhome excudebat, in-16, fig., v. ant., rac., dent., tr. dor. 70 fr.

Ouvrage recherché pour les 105 jolies vignettes sur bois du Petit Bernard dont il est orné.

Exemplaire avec des notes de François de Neufchâteau, et provenant en dernirr lieu de la bibliothèque de Firmin-Didot.

3194. Pièces morales et sentimentales de Madame J. W. (Justine Wynne), C-t-sse de R-s-g (comtesse de Rosemberg), écrites à une campagne, sur les rivages de la Brenta, dans l'Etat vénitien. Londres, J. Robson, 1785, in-16, veau fauve, fil., tr. dor. (Derome). 35 fr.

Joli exemplaire relié par Derome le Jeune, provenant des bibliothèques Méon et Pixerécourt.

3195. Piron (Alexis). Œuvres complètes publiées par Rigoley de Juvigny. Paris, 1776, 7 vol. in-8, veau jasp. dos ornés. 30 fr.

Portrait dessiné et gravé par A. de Saint-Aubin.

3196. Place (V.). Ninive et l'Assyrie, avec des essais de restauration par F. Thomas. Paris, Imprimerie Impériale, 1867, 3 vol. gr. in-fol dont 1 de pl., demi-rel. mar. r., tête dor., non rog., pl. mont. sur onglets. 260 fr.

88 planches montées sur onglets. Bel exemplaire.

3197. Planches relatives au règlement concernant l'exercice et les manœuvres de l'infanterie. A Paris, de l'imprimerie Royale, 1791, in-4, mar. rouge, fil., dos orné, dent. int., tr. dor. (Hardy-Mennil). 100 fr.

40 belles planches gravées, montées sur onglets. Armoiries sur les plats.

3198. Plutarque. Les Œuvres morales et meslées, translatées de grec en français (par J. Amyot). Paris, Vascosan, 1574, 7 vol. pet. in-8, mar. citon, fil., dos orné, tr. dor. (rel. anc.) 100 fr.

Belle édition fort recherchée.
Très bel exemplaire.

3199. Poètes français (Les) depuis le XIIᵉ siècle jusqu'à Malherbe avec une notice historique et littéraire sur chaque poète. Paris, imp. Crapelet, 1824, 6 vol. in-8, dem. veau vert, n. rog. 30 fr.

3200. Pogge. Un Vieillard doit-il se marier? dialogue de Pogge florentin. traduit pour la première fois par Alcide Bonneau, texte latin en regard. Paris, Liseux, 1877, in-18, br. (Papier de Hollande). 2 fr.

Cette pièce valait la peine d'être tirée de l'oubli, tant en faveur de la thèse, un paradoxe finement traité, que pour sa valeur littéraire ; elle est écrite avec

Et de Livres anciens et modernes

cette bonne humeur, cet enjouement dont Pogge a marqué tous ses ouvrages, sans préjudice de ces qualités pittoresques qu'il recherchait parfois aux dépens de la pure Latinité.

3201. Poictevin (F.). Paysages, avec un portrait de l'auteur dessiné en lithog. par Jacques E. Blanche. Paris, 1888, in-8 br.   7 fr.

L'un des 20 ex. tirés sur grand vélin français à la cuve.

— Le même, in-12 papier vélin anglais mécanique.   3 fr.

3202. Pompéi. Vues des Ruines de Pompéi, d'après l'ouvrage publié à Londres en 1819 par sir William Gell et J. F. Gandy, architecte. sous le titre de Pompeiana. Paris, Didot, 1827, in-4, dem. rel. fatiguée.   25 fr.

125 planches sur chine dont quelques-unes coloriées.

3203. Pontificale Romanum Clementis VIII. Auctoritate recognitum nunc denuo cura Annibalis S. Clementis presb. card. Albani editum, in tres partes divisum. Bruxelles, typ. G. Friex, 1735, 3 vol. in-8, front., mar. rouge, dos orné, larges dent., tr. dor. (Rel. anc.).   120 fr.

Frontispice et nombreuses figures en taille-douce de Van Orley, tirées dans le texte. Bel exemplaire.

3204. Pornophile. Contes Saugrenus sur l'imprimé de Bassora, 1789. Samuel Smithson, libraire à Jersey, 1885, pet. in-8 br.   5 fr.

L'araignée ou la boëte au diamant. — Le mouvement perpétuel ou la galerie des enchantemens. — Drugba ou la vertu des femmes. — Lison et Annettes ou les malheurs du Moment. — Rouschen et Loulou où les anges bienfaisans, etc. Publié à 10 francs.

3205. Porta (Baptista). Magiæ naturalis sive deI miraculis rerum naturalium libri III . Antuerpiæ ex officina Christophori Plantini, 1561, in-12, veau.   6 fr.

Titre encadré de vignettes sur bois. Belle impression.

3206. Portraits des contemporains gravés par Frémy et publés dans la Biographie nouvelle des contemporains. Paris, 1820-1825, 2 vol. in-8, demi-rel.   40 fr.

322 portraits gravés au trait.

3207. Portraits. Recueil de quatre-vingts portraits. Paris. Moncornet, en un vol. in-4, vélin.   100 fr.

Souveraine, princes et princesser. guerriers, personnages religieux, etc. Henriette d'Angleterre, Buckingham, Gustave Adolphe, Luther, Calvin, Marie de Médicis, Anne d'Autriche, Princesse de Guémenée, Mlle de Gournay, par Matheus, etc.

3208. Portraits. Recueil de portraits des membres de la famille royale et de personnages célèbres du XVIIIe siècle publiés à Paris, par Esnauts et Rapilly, vers 1780. En un vol. in-4, mar. rouge, dos orné, fil., tr. dor. orné, fil., tr. dor. (Rel. anc.)   600 fr.

64 portraits parmi lesquels nous citerons ceux de Marie-Antoinette par Hubert d'après Quéverdo, de Marie-Thérèse, Mme Elisabeth, les princes de Bourbon et Condé, Maurepas, Turgot, Linguet, Voltaire, Mlle Raucour, etc. Reliure aux armes de P. Le Noir, lieutenant de police.

3209. Postel (Guillaume). Les Très merveilleuses victoires des femmes du nouveau monde, suivi de la doctrine du siècle doré. Avec une notice biographique et bibliographique par G. Brunet. Turin, Gay, 1869, in-8, dem. mar. laval. avec coins tête dor. n. rog, dos orné.   10 fr.

Réimpression faite à 100 exemplaires. C'est un tissu d'absurdités au sujet d'une femme Messie que Postel croyait avoir trouvée à Venise.

3210. Poullain de Saint-Foix. Essais historiques snr Paris, pour faire suite aux Essais de M. Poullain de Saint-Foix. Paris, 1803, 2 vol. in-8, demi-percal. verte, non r., port. 6 fr.

3211. Préchac. La noble Vénitienne, ou la Bassette, histoire galante. Lyon, Amaulry, 1679, in-12, mar. brun, dos et milieux dor. et mosaïqués, dent. int., tr. dor. (Petit-Simier).   35 fr.

Petit roman composé par de Préchac pour « se dédommager », dit-il, « d'avoir perdu quelque argent à la Bassette ». On y trouve l'explication des règles et des termes de ce jeu, qui venait d'être introduit en France.

3212. Premier (Le) (et le second) volume de La Thoison d'Or, composé par reverend père en Dieu, Guillaume (Fillastre), jadis évesque de Tournay abbé de Sainct Bertin et Chancelier de la Thoison d'or du bon duc Philippe de Bourgogne. Auquel soulz les vertus de magnanimité et justice appartenans à l'estat de noblesse sont contenus les haulx, vertueux et magnanimes faitz (tant) des très-chretiennes maisons de France, Bourgogne et Flandres que d'autres roys et princes de l'ancien et nouveau testament. Nouvellement imprimé. Ils se vendent à Paris en la rue Sainct Jacques à l'enseigne Sainct Claude. Au recto du dernier feuillet, du second volume : Cy fine le second volume de la Thoison d'or imprimé à Paris, l'an mil cinq cès r dix-sept par Anthoiné Bonnemère, le dixième jour de décembre pour François Regnault... (1517). 2 tomes en 1 vol. in-fol. goth. à 2 col. de 50 lignes avec figures en bois, mar. rouge jans., dent. int., tr. dor. (Chambolle).   500 fr.

Très bel exemplaire d'une édition rare de cet ouvrage curieux.

3213. **Premier** (Le) premier (et le second) livre du preux, vaillant et très victorieux chevalier Palmerin d'Angleterre, filz du roy dom Edoard, auquel seront récitées ses grandes proësses : et semblablement la che valeureuse bonté de Florian du désert, son frère, auec celle du prince Florendos, filz de Primaleon... traduit du Castillan en françois, par maistre Jacques Vincent, du Crest Arnauld en Dauphiné. Lyon, Thibault Payen, 1553, 2 parties en 1 vol. in-fol. de 4 ff. prél. et 300 pp. dans la 1re partie, et de 4 ff. et 254 pp. dans la seconde, mar. r. jans. doublé de mar. bleu, dent. tr. dor. (Chambolle-Duru.)   400 fr.

Première édition de cette traduction. Très bel exemplaire.

3214. **Pressensé** (Francis de). L'Irlande et l'Angleterre, depuis l'acte d'union jusqu'à nos jours (1800-1888). Paris, Plon, 1889, in-8 br.   3 fr. 50

3215. **Quatremère de Quincy**. Canova et ses ouvrages ou mémoires historiques sur la vie et les travaux de ce célèbre artiste. Paris, Ad. Le Clère, 1834, gr. in-8, demi-mar. viol. avec coins, tête dor., n. rog., dos orné, papier vélin, portrait sur Chine collé.   8 fr.

3216. **Quilliet** (F.). Dictionnaire des peintres espagnols. Paris, 1816, in-8, demi-veau fauve. (Capé).   5 fr.

Rare.

3217. **Quintillien** traduit par l'abbé Gédoyn. Paris, Barbou, 1770, 4 vol. in-12 veau, fil, tr. dor.   8 fr.

3218. **Rabaut**. Almanach historique de la Révolution française pour l'année 1793. Paris, Onfroy, imp. Didot, petit in-12, mar. rouge, fil. dent. int., tr. dor., dos orné. (Chambolle-Duru).   125 fr.

6 jolies figures de Moreau, gravées par Comy ; Halbou. Langlois. etc. Exemplaire sur papier vélin avec les figures en 2 états, avec lettre et avant lettre.

3219. **Rabutaux**. De la Prostitution en Europe, depuis l'antiquité jusqu'à la fin du xvie siècle. Avec une bibliographie par M. Paul Lacroix. Paris, Seré, 1851, in-4, cart. n. rog.   8 fr.

4 planches sur texte.

3220. **Racine**. OEuvres. Texte original avec variantes, notice par An. France. Paris, Lemerre, 5 vol. in-16, br.   15 fr.

Portrait gravé à l'eau-forte.

3221. **Raffaella** (La). Dialogue de la gentille éducation des femmes, par Alessandro Piccolomini, archevêque de Patras et coadjuteur de Sienne (xvie siècle). Traduction nouvelle, texte Italien en regard, par Alcide Bonneau. Paris, Isidore Liseux, in-12 broché papier de Holl. t. r. et n., tirage à 150 exemplaires numérotés.   10 fr.

La Raffaella, comme la Macette de Régnier, la Célestina de Rojas, est une entremetteuse, une vieille rouée qui emploie toutes les ruses de son métier, pour décider une jeune et jolie femme à prendre un amant. Le grand Pietro Aretino, lui-même, en ses immortels Dialogues n'a pas peint de coquine plus rusée, plus experte, plus adroite ; et que de piquants détails de mœurs, et sur la chimie mystérieuse et compliquée des Italiennes riches au xvie siècle pour conserver toute sa fraîcheur à leur beauté, Il y a là tout un traité des parfums et des cosmétiques.

3222. **Raoul-Rochette**. Lettres sur la Suisse, écrites en 1819, 1820 et 1821, seconde édition soigneusement revue et corrigée. Paris, Nepveu, 1823, 2 vol. in-8, demi-mar. olive avec coins.   6 fr.

Gravures d'après Konig et autres paysagistes célèbres.

3223. **Real** museo Borbonico Napoli Dalla Stamperia. Reale, 1824-57, 16 v. in-4, mar. vert, tête dor., non rog.   225 fr.

Bel exemplaire avec les figures noires et coloriées.

3224. **Récit fidelle** de la Tortue vivante, tirée du genoux d'un musicien habitant et bourgeois. A Chambéry, chez Riondet, s. d., in-18 br.   2 fr.

Réimpression faite à très petit nombre. De la collection du Portefeuille de l'ami des livres.

3225. **Recueil** contenant l'édit du Roy sur l'establissement de la Juridiction des Consuls en la Ville de Paris. Divisé en 2 parties. A Paris, chez Robert Ballard, 1668, 2 parties en 1 vol. in-4, mar. rouge, semis de fleurs de lis sur le dos et sur les plats, tr. dor.   100 fr.

Aux armes de la ville de Paris.

Et de Livres anciens et modernes

3226. Recueil de pièces choisies, rassemblées par les soins du cosmopolite. Bruxelles, Gay, 1865, 2 vol. pet. in-8, demi-chag. rouge, non rogné.
40 fr.

Réimpression faite à 150 exemplaires, sur papier de Hollande. Devenu très rare.

3227. Recueil de quelques pièces nouvelles et galantes... Cologne, Pierre Marteau, 1664, pet. in-12, mar. r. dos orné, fil. (Traut-Bauzonnet.) 75 fr.

Joli exemplaire, relié sur brochure, d'un petit livre recherché pour la collection elzevirienne.

3228. Recueil des cartels publiez es présences de Leurs MM. en la place Royalle les 5, 6 et 7 d'Avril 1612. Paris, chez Micard, 1612, pet. in-8, mar. r., armes de Louis XIII, tr. dor. (Masson-Debonnelle).
160 fr.

Bel exemplaire de ce recueil de poésies composées et récitées dans une fête offerte à Marie de Médicis ; il provient de la bibliothèque du baron Roger Portalis.

3229. Recueil des Roys de France, leur couronne et maison ; ensemble les rengs (sic) des grands de France, par Jean du Tillet ; plus une chronique abbrégée contenant tout ce qui est advenu, tant en fait de guerre qn'autrement, entre les roys et princes, respubliques et potentats estrangers, par M. du Tillet, évesque de Meaux, frères (sic). A Paris. chez Jacques Du Puys, 1580, in-fol.. mar. vert, fil. tr. dor. (Rel. anc.) 85 fr.

Recueil important, composé de plusieurs ouvrages, qui avaient d'abord été imprimés séparément, portraits gravés sur bois.

3230. Regnard. OEuvres. Nouvelle édition, revue, exactement corrigée, et conforme à la représentation. Paris, Maradan, 1790, 4 vol. in-8, veau écaille, fil., tr., marb.. port. et fig.
45 fr.

1 portrait non signé et 12 figures dont 9 par Borel, gravées par Halbou, Duhamel, etc.

3231. Regnault. La Botanique, mise à la portée de tout le monde ou collection des Plantes d'usage dans la médecine, dans les alimens et dans les arts. Paris, chez l'auteur, 1774, 3 vol. in-fol , mar. rouge, fil., tr. dor., (rel. anc.) 300 fr.

Très bel exemplaire, contenant 468 planches coloriées.

3232. Regnault (Antoine). Discours du Voyage d'Outre Mer au Saint Sepulcre de Jerusalem, et autres lieux de la Terre Sainte. Auec plusieurs traictez dont le Catalogue est en la page 265, par Anthoine Regnault, bourgeois de Paris. Imprimé à Lyon aux dépens de l'Autheur, 1573. Avec privilège du Roy. On les vend à Paris aux Faulxbourgs sainct Jacques a lenseigne de la Croix de Hierusalem, in-4, fig., mar. bleu, doublé de tabis, dos orné, tr. dor. 120 fr.

Superbe et rare volume orné de cartes et de 91 figures sur bois de différents styles. et dont une grande partie sont l'œuvre du Petit Bernard.
Suivant une note du Catalogue Yémeniz, ces gravures seraient tirées de la Bible avec huitains français de Guéroult, publiée par Guillaume Roville et ornée de figures attribuées à Jean Moni.

3232. Règne végétal (Le), divisé en traité de botannique, flore médicale, usuelle et industrielle, horticulture théorique et pratique, plantes agricoles et forestières, histoire biographique et bibliographique de la botanique par MM. O. Réveil, A. Dupuis, Fr. Gérard et F. Hernicq. Paris, Guérin 1871. 17 vol. gr. in-8 dont 9 de texte et 8 de planches, dem. mar. chag. rouge avec coins, tête dor., n. rog. 400 fr.

Ouvrage renfermant plns de 3.000 dessins de plantes ou de détails botaniques finement coloriés. Publié à 800 fr. br. Très bel exemplaire du 1er coloris.

3234. Relation du voyage de Sa Majesté Britannique en Hollande et de la réception qui luy a été faite, enrichie de planches très curieuses. A La Haye, chez Arnout Leers, 1692, in-fol., mar. lavallière, fil. à la Du Seuil, dos orné, dent. intér., tr. dor. (Lortic). 180 fr.

Bel exemplaire contenant frontispice, portrait et 14 planches gravées.

3235. Restif de la Bretonne. Monument du costume physique et moral de la fin du XVIIIe siècle ou tableaux de la vie. Paris, Willem, 1876. in-fol. dem. mar. rouge avec coins, tête dor. non. rog. (Rousselle). 115 fr.

26 figures dessinées et gravées par Moreau le Jeune. L'un des 30 exemplaires sur papier de Hollande avec les gravures sur chine en doubles épreuves avant la lettre. en noir et en bistre. Bel exemplaire.

3236. Restif de la Bretonne. Les Nuits de Paris, ou le Spectateur nocturne. A Londres et se trouve à Paris, (1788-1790). 15 part. en 7 vol. in-12 veau marb., dos ornés, fil., tr. dor. 100 fr.

17 belles figures par Binet, non signées et 1 portrait plié.

3237. Restif de La Bretonne. Le Drame de la vie contenant un homme tout entier. Paris, veuve Duchesne et Merigot jeune, 1793, 5 vol. in-12, mar. rouge, fil., dos ornés, dent int-tr. dor. (Chambolle-Duru). **175 fr.**

Le drame de la vie complète et commente Monsieur Nicolas. Ce livre ne parut que quatre ans après avoir été achevé, Restif n'osant pas le présenter à la censure.

Très bel exemplaire du portrait de Restif. de format in-4, plié, par Binet, gravé par Berthet, qui ne se trouve que dans très peu d'exemplaires.

3238. Restif de La Bretonne. Monsieur Nicolas, ou le cœur humain dévoilé, publié par lui-même. Imprimé à La Maison, 1794, 16 part. en 8 vol. in-12, dem. veau. **100 fr.**

Edition originale très rare.

3239. Restif de la Bretonne. Les contemporaines ou aventures des plus jolies femmes de l'âge présent. Paris, A Lemerre, 1875, in-12, cart., n. rog. **3 fr.**

3240. Revue comique (La), à l'usage des gens sérieux. Histoire morale, philosophique, politique, critique, littéraire et artistique de la semaine de l'origine Novembre à Décembre 1849. Paris, Dumineray, 2 vol. gr. in-8, demi-veau fauve. tr. jasp., couv. **25 fr.**

Nombreuses illustrations dans le texte. Exemplaire bien complet.

3241. Revue (La) Comique à l'usage des gens sérieux, histoire morale, philosophique, politique, critique, littéraire et artistique de la semaine. Novembre 1848 — Avril 1849. Paris, Dumineray, gr. in-8, dem. rel. toile coins. **15 fr.**

Nombreux dessins par Bertall, Nadard, Otto, Lorentz, Beguin, etc.

3242. Ricaut. Histoire de l'Etat présent de l'Empire Ottoman : contenant les maximes politiques des Turcs, les principaux points de la religion mahométane, ses sectes, etc. Traduite de l'anglais de M. Ricaut. Amsterdam, Abr. Wolfgang, 1670, pet. in-12 mar. rouge, fil., dent. int. tr. dor., dos orné. (Chambolle-Duru). **35 fr.**

Bel exemplaire avec de très curieuses figures en belles épreuves.

3243. Rivière (A). Rabelaesiana. Paris, Marpon 1885, in-8, dem. mar. r. avec coins, tête dor., n. rog., texte encadré. **7 fr.**

3244. Robbé de Beauveset. OEuvres badines. Londres, 1801, 2 part. en 1 vol. in-18, dem. veau. **15 fr.**

2 figures de Monnet. Raccommodage au faux-titre du tome 2.

3245. Rochet d'Héricourt. Premier et second voyage sur la côte orientale de la mer rouge dans le pays d'Adel et le royaume de Choa. Paris, A. Bertrand, 1841-1846, 2 vol. in-8, dem. rel. veau. **15 fr.**

Nombreuses figures lithographiées.

3246. Roederer (P. L.) Chronique de cinquante jours, du 20 juin au 10 août 1792. Paris, Imprimerie de Lachevardiere, 1832, in-8 dem. chag. rouge. **4 fr.**

3247. Roederer (P. L.) Conséquences du système de cour établi sous François 1er. Paris, Bossange, 1833, in-8, demi-chagrin rouge. **5 fr.**

3248. Roederer. Mémoires pour servir à l'histoire de la société polie en France. Paris, Didot, 1835, in-8, dem. chagrin rouge. **30 fr.**

Ouvrage rare, non mis dans le commerce.

3249. Romans des douze Pairs de France, publiés par M. Paulin-Paris. Paris, Techener, 1833-1848, 12 vol. in-8, mar. rouge, dos orné, fil., dent. int., tr. dor. (Koehler). **200 fr.**

Collection tirée à un petit nombre d'exemplaires : — Li Romans de Berte aux grans pies. — Li Romans de Garin le Loherain, 2 vol. — Li Romans de Parise la Duchesse. — Li Romans de Rroul de Cambrai et de Bernier. — Ea chanson des Saxons, 2 vol. — La chevalerie Ogier de Danemarche, 2 vol. — Le Romancero françois. — La chanson d'Antioche, 2 vol. Exemplaire sur papier de Hollande.

3250. Rousseau (J.-J.) Les Confessions, avec une préface par Marc Monnier. Paris, Jouaust, 1881, 4 vol. in-8, dem. mar. rouge avec coins, tête dor., n. rog. **50 fr.**

13 eaux-fortes par Ed. Hédouin. Exemplaire sur papier de Hollande.

3251. Rousselet (Louis). Nos grandes Ecoles militaires et civiles. Paris. Hachette, 1888, gr. in-8, percal. tr. dor. **4 fr.**

Illustré de 169 gravures sur bois.

3252. Routh (R. P. B.). Recherches sur la manière d'inhumer des anciens à l'occasion des tombeaux de Civaux en Poitou. A Poitiers, chez J. Faulcon, 1738, in-8, veau fauve, tr. rouges. **10 fr.**

3253. Saint-Amant. OEuvres. A Paris, chez Toussainct-Quinet, 1642, 2 parties en 1 vol. in-4, veau fauve, fil. **8 fr.**

Edition estimée.

3254. Saint-Louis (Pierre de). La Magdeleine au désert de la Sainte-Baume en Provence. Poème spirituel et chrétien. S. l. n. d., in-12 veau, dos orné. (240 ff.)   10 fr.

3255. Sainte-Bible de Vence, en latin et en français, avec des notes littéraires, critiques et historiques des préfaces, etc. 5e édition soigneusement revue, et augmentée d'un grand nombre de notes par M Drach. Paris, 1827, 27 vol. in-8, et atlas in-4 oblong, dem. veau gris.   70 fr.

Bel exemplaire. L'atlas comprend 37 planches.

3256. Sainte Bible (La) traduite sur le latin de la Vulgate par Lemaistre de Sacy. Paris, Curmer, 1857, 6 vol. in-4, br., dont un de planches. 30 fr.

Edition illustrée de 50 gravures sur acier,

3257. Salzmann (Aug.). Jérusalem, étude et reproduction photographique des monuments de la ville sainte, depuis l'époque Judaïque jusqu'à nos jours. Paris, Gide, 1856, 1 vol. pet. in-fol. de texte et 2 vol. gr. in-fol. de planches demi-mar. rouge avec coins, tête dor., n. rog. 300 fr.

Bel exemplaire monté sur onglets.

3258. Satyre Ménippée de la vertu du Catholicon d'Espagne et de la tenue des Estats de Paris, augmentée de notes tirées des éditions de Du Puy et de Le Duchat, par V. Verger et d'un commentaire historique, littéraire et philologique, par Ch. Nodier. Paris, Delangle, 1824, 2 vol. in-8, mar. r. avec coins, fil. à fr., tête dor. non rog.   20 fr.

Portrait et figures sur Chine par Devéria.

3259. Saunier (G.). L'art de la cavalerie, ou la manière de devenir bon ecuyer par les règles aisées et propres à dresser les chevaux à tous les usages. Amsterdam et Berlin, Neaulme, 1756, in-fol. dem. rel. veau.   35 fr.

27 planches.

3260. Sauvageot (Cl.) Palais, chateaux, hôtels et maisons de France du XVe au XVIIIe siècle. Paris, 1867-1868, 4 vol. pet. in-fol. dem. mar. vert avec coins, tête dor., non rog.   225 fr.

Contenant 300 planches.

3261. Scarron. Le Roman Comique. avec une préface de Paul Bourget. Paris, Jouaust, 1888, 3 vol. in-12,

mar. rouge, dent. int., fil., tr. dor. (Pougetoux).   90 fr.

10 eaux-fortes par Leopold Flameng.

3262. Scarron. Œuvres complètes, nouvelle édition revue, corrigée et augmentée. Amsterdam, Wetstein, 1752, 7 vol. pet. in-12, veau fauve, fil., dent. int., tr. dor.   110 fr.

Bel exemplaire avec un portrait et vignettes de Du Bourg gravés par Folkema.

3263. Schell (A. de). Les Opérations de la première armée sous les ordres du général de Gaben, d'après les pièces officielles du commandant en chef de la première armée. Paris, Dumaine, 1874, in-8 br.   2 fr.

5 cartes.

3264. Scherer (Edmond). Etudes sur la littérature contemporaine. Paris, Lévy, 1885, 9 vol. — Etudes sur la littérature au XVIIIe siècle. Paris, Lévy, 1891, 1 vol. — Ensemble 10 vol. in-12, percal., n. rog., couv.   30 fr.

3265. Schoephline. Alsatia illustrata celtica, romana, francica, germanica-gallica. Auctor Jo. Daniel Schoepflinus. Colmariœ, ex Typographia régia, 1751-1772, 2 vol. — J. D. Schoepflini, Saxonici, Salici, Suevici diplomatica. Mannhemii, 1772. — Ens. 3 vol. in-fol., cartes, mar. r., fil., tr. dor. (Rel. anc).   300 fr.

Bel exemplaire sur papier de Hollande. Nombreuses gravures.

3266. Selincourt. Le Parfait chasseur, pour l'instruction des personnes de qualité ou autres qui aiment la chasse, pour se rendre capables de cet exercice, apprendre aux veneurs, picqueurs, fauconniers et valets de chien à servir dans les grands équipages. A Paris, chez Gabriel Quinet, 1683, in-12, réglé, mar. rouge. fil., dos orné, dent. int., tr. dor. (Trautz-Bauzonnet.)   120 fr.

Bel exemplaire.

3267. Semallé (Cte M. L. R. de). Souvenirs littéraires d'un gentilhomme campagnard. A Mamers, de l'imprimerie Fleury et Dangin, 1887, pet. in-4, rel. toile, couv.   5 fr.

Lettre autographe de l'auteur au journal « Le Monde ».

3268. Sévigné (Mme de). Lettres de Mme de Sévigné, de sa famille et de ses amis. Recueillies et annotées par M. Monmerqué. Nouvelle édition revue sur les autographes, les copies les plus authentiques et les anciennes impressions, et augmentée de

lettres inédites, d'une nouvelle notice, d'un lexique des mots, et locu-
tions remarquables, de portraits,
vues et fac-simile, etc. Paris, Hachette, 1862-66, 14 vol., 1 album et 1
vol. d'additions, gr. in-8, dem. mar.
bleu avec coins, tête dor., non rog.
270 fr.

De la collection des grands écrivains
de France.

L'un des 150 exemplaires sur grand
papier vélin avec les portraits, lés planches et les fac-similés de l'Album.

Bel exemplaire.

3269. **Simon** (Jules). Mémoires des
autres. Paris, Testard, 1890, in-12,
dem. mar. lavall. avec coins, tête
dor., n. rog., couv.   16 fr.

Illustrations de Noël Saunier. L'un des
30 ex. sur papier de Chine.

3270. **Société de l'histoire de
France**, publiée par Renouard, in-8
br.

1. — Chroniques des comtes d'Anjou, 1856-
1871. 1 vol. Epuisé.   8 fr.
2. — La Chronique d'Enguerran de Mons-
trelet, en deux livres avec pièces justi-
ficatives, 1857-1862, 6 vol.   45 fr.
3. — Chroniques de J. Froissart, 1869-1878,
7 vol. Le tome 1er est en 2 part.   65 fr.
4. — Les annales de Saint Bertin et de
Saint Vaast, 1871. 1 vol.   6 fr.
5. — Nouveau recueil de comptes de l'ar-
genterie des rois de France, 1874, I vol.
6 fr.
6. — Chroniques de Saint Martial de Limo-
ges, 1 vol.   6 fr.
7. — La chanson de la Croisade contre les
Albigeois. (Tome 1er).   6 fr.
8. — La chronique du bon duc Loys de
Bourbon. 1 vol.   6 fr.
9. — Chronique de Jean Le Fevre, seigneur
de Saint-Remy, 1 vol.   6 fr.
10. — Lettres d'Ant. de Bourbon et de Je-
hanne d'Albret, 1 vol.   6 fr.
11. — Anecdotes historiques, légendes et
apologues tirés du recueil inédit d'Et.
de Bourbon. 1 vol.   6 fr.
12. — Mémoires inédits de M. de La Hugue-
rye. 3 vol.   15 fr.
13. — Annuaires bulletins-années, 1870-1878.
8 vol.   18 fr.
14. — Mémoires de Nicolas Goulas, gentil-
homme de la chambre du duc d'Orléans.
3 vol.   16 fr.
15. — Chroniques du roy François, 1er de ce
nom. 1 vol.   6 fr.
16. — Mémoires de Mathieu Molé, 4 vol.
24 fr.
17. — Mémoires d'Olivier de la Marche,
tome 1er.   5 fr.
18. — Mémoires du Mis de Beauvais-Nangis.
1 vol.   6 fr.
19. — Lettres de Louis XI, roi de France, 3 vol.
15 fr.
20. — Mémoires de Villars, tome 2.   6 fr.

21. — Œuvres de Brantome, br. :

Tome 4.   4 fr.
Tome 5.   4 fr.
Tome 6.   4 fr.

3271. **Soltykoff**. Esquisses de l'Inde,
par le prince Soltykoff. Paris, Bry,
gr. in fol. d.-rel. 27 planches lithographiées.   50 fr.

Exemplaire contenant plusieurs planches de portraits, et particulièrement
une planche libre, qui ne se trouve pas
dans les autres exemplaires.

3272. **Solvyns** (B.). Les Hindous, ou
Description de leurs mœurs, costumes et cérémonies, etc., dessinés d'a-
près nature dans le Bengale et re-
présentés en 292 planches. avec le
texte en français et anglais. Paris,
chez l'auteur. Imprimerie de Mame
frères, 1808-1812, 4 vol. in-fol max.,
demi-rel. veau, non rog.   250 fr.

Ouvrage curieux, figures coloriées.

3273. **Sottisier de Voltaire** (Le)
publié pour la première fois d'après
une copie authentique faite sur le
manuscrit autographe conservé au
musée de l'ermitage à Saint-Péters-
bourg, avec une préface de Léouzon
le Duc. Paris, Jouaust, 1880, in-8,
br., papier de Hollande.   10 fr.

Publié à 30 fr.

3274. **Speculum** vitæ aulicæ. De ad-
mirabili fallacia et astutia vulpeculæ
Reinikes libri quator, nunc primûm
ex idiomate germanico latinite do-
nati, adjectis elegantissimis iconibus,
veras omnium apologorum anima-
liumque species ad vivum adumbran-
tibus. Auctore Hartmanno Schoppero,
Novaforense Norico. Francof. ad
Mœnum, 1575, in-12, fig., vélin es-
tampé, fermoirs. (Rel. anc.).   150 fr.

Cette traduction en vers latins du
Roman du Renard est ornée de jolies figures gravées sur bois de Jost Amman
et de V. Solis.
Bel exemplaire de Yéméniz dans sa
première reliure.

3275. **Squola di scrivere** (La) dove
s' insegna non solo il carattere cor-
sivo moderno come tutti gli altri ca-
ratteri e ogni altra cosa appartenente
al vero scrittore, da Valerio Spada.
L'anno, 1685, in-4 obl., mar. r., dent.
int., tr. dor. (Cuzin).   350 fr.

Très curieux recueil, composé de 70
planches, dont 65 écrites et dessinées
à la plume et 4 imprimées. Il contient
divers alphabets entourés de dessins
variés représentant des ornements d'architecture, des arabesques, des guirlan-
des de fleurs, d'oiseaux et de groupes
d'animaux. On y remarque l'alphabet
hébreu, l'alphabet chaldéen, l'alphabet
du diable, les alphabets égyptien, armé-

nien, japonais, latin, grec et lombard ; de grandes lettres capitales modernes, 3 planches de rébus et divers alphabets composés de grandes lettres formées avec des squelettes, des personnages grotesques, des animaux, des oiseaux et des poissons.

3276. Stella. OEuvre. A Paris, aux galeries du Louvre, 1675, 1 vol. in-fol. oblong, veau.   **20 fr.**

Contenant 25 planches gravées.

3277. Sulpitii severi opera omnia quæ extant Lugd. Batavorum, 1643, pet. in-12 mar. rouge, dos et coins dorés doublé de mar. bleu, fil., dor. à comp., tr. dor. (Simier).   **40 fr.**

3278. Switft (Jonathan). Voyages de Gulliver. Traduction nouvelle et complète par B.-H. Gausseron. Paris, Quantin, gr. in-8, br., couv.   **12 fr.**

Figures coloriées.

3279. Tableau des piperies (Le) des femmes mondaines, où par plusieurs histoires se voyent les ruses et artifices dont elles se servent (1632). Texte original avec une notice par le bibliophile Jacob. Paris, Willem, 1879, in-8.   **12 fr.**

L'un des 25 ex. sur papier de Whatman.

3280. Trésor de numismatique et de glyptique, ou recueil général de médailles, monnaies, pierres gravées, bas-reliefs, etc., tant anciens que modernes, les plus intéressants sous le rapport de l'art et de l'histoire, gravés par les procédés d'Ach. Collas sous la direction de P. Delaroche, Henriquel, Dupont et Ch. Lenormant. Paris. 1858, 19 vol. in-fol. demi-percal., n. rog.   **500 fr.**

Bel exemplaire complet, contenant 1020 planches.

3281. Turpin. La France illustre ou le Plutarque français. Paris, 1780-85, 4 vol. in-4, demi-mar. bleu, tête dor. n. rog.   **40 fr.**

Nombreux portraits.

3282. Uzanne (Octave). Le paroissien du célibataire, observations physiologiques et morales sur l'état du célibat. Paris, Quantin, 1890, in-8, br.   **15 fr.**

Nombreuses figures à mi-page dessinées par A. Lynch, gravées à l'eau-forte par Gaujan.

3283. Vandermonde. Dictionnaire portatif de santé, par M. L***, ancien médecin des armées du roi, et M. de B***, médecin des hôpitaux. A Paris, chez Vincent, 1771, 4 vol. in-12, mar. rouge, fil., dos ornés, tr. dor. **250 fr.**

Bel exemplaire, aux armes de Marie-Thérèse-Louise de Savoie, comtesse de Provence.

3284. Vernon Gallery (The) of british art. Edited by. S. C. Hall, Esq. F. S. A. London, Virtue, 1850, 4 vol. in-4, demi-chag. rouge avec coins, tr. dor. (Rel. anglaise).   **150 fr.**

Nombreuses planches hors texte gravées sur acier.

3285. Véron (Dr L.). Mémoires d'un bourgeois de Paris, comprenant : la fin de l'empire, la restauration, la monarchie de Juillet, et la république jusqu'au rétablissement de l'Empire. Paris, de Gonet, s. d., 6 vol. in-8 demi-rel. chag. rouge.   **30 fr.**

3286. Virgilii Publii maronis opera. Lutetiae Parisiorum Urb. Coustelier, 1745, 3 vol. in-12 mar. vert, fil. dor. doublé de toile, dos orné (rel. anc.).   **100 fr.**

Figures de Cochin, vignettes et culs-de-lampe.

3287. Vitu (Aug.). Paris. Paris, Quantin, gr. in-4, cart. artistique, tête dor., n. rog.   **20 fr.**

450 dessins inédits.

3288. Vivant-Denon. L'OEuvre originale. collection de 317 eaux-fortes dessinées et gravées, par ce célèbre artiste, réunion formant l'album le plus complet et le plus varié pour l'étude de la gravure à l'eau-forte, avec une notice sur sa vie intime, ses relations et son œuvre par M. Alb. de La Fizelière. Paris, A Barraud, 1873, 2 vol. gr. in-fol., demi-mar. chag. gren., n. rog. **120 fr.**

L'un des 48 exemplaires en grand papier, contenant le musée secret

3289. Vivien (le Cte). Ecritures et peintures d'une Bible offerte au roi Charles le Chauve par le Cte Vivien, abbé commendataire de Saint-Martin de Tours. s. l. n. d., in-fol. mar. gren., fil. à froid, dent. int., tr. dor. (Pagnant).   **125 fr.**

29 planches couleurs rehaussées d'or et d'argent. Le tout monté sur onglets.

Le Propriétaire-Gérant : **Th. BELIN.**

Péronne. — Imp. Eug. CRÉTY, 24, Grande Place.